SCORPIO

Esther Kochte

Theta
Floating

in der Praxis

SCORPIO

Wichtiger Hinweis

Dieses Buch dient der Information über eine Methode der Selbsthilfe und Bewusstseinsentwicklung. Wer sie anwendet, tut dies in eigener Verantwortung. Die hier vorgestellten Verfahren sind nicht als Ersatz für ärztliche oder psychotherapeutische Behandlung bei ernsthaften Beschwerden zu verstehen. Eine Haftung der Autorin bzw. des Verlags und seiner Beauftragten für Personen, Sach- oder Vermögensschäden ist ausgeschlossen.

FSC
www.fsc.org
MIX
Papier aus ver-
antwortungsvollen
Quellen
FSC® C014496

© 2012 Scorpio Verlag GmbH & Co. KG, Berlin · München
Umschlaggestaltung: _himbeergeist:
    Esther Kochte Berlin 2011, www.himbeergeist.net
    Foto: Ivan Schneider Berlin, www.ivanschneider.com
    Schriftdesign: Andreas Schnubel, www.schnubel.com
Satz: BuchHaus Robert Gigler, München
Druck und Bindung: GGP Media GmbH, Pößneck

ISBN 978-3-942166-55-3

Für all die wundervollen Menschen, denen ich
in meiner Arbeit begegne.

Ihr seid die Welt, in der ich leben will.

Inhalt

Praxisteil 2 –
ThetaFloating Solo – *Symboling*, Mediales
Schreiben, Cosmic Coaching   155

Einführung

Vorwort

Soeben erreichte mich eine E-Mail von meiner fünfundsiebzigjährigen Mutter. »Auch wenn Du keine Zeit hast, erzähle ich Dir eine Geschichte aus dem Ostergodi: >Ein dreieinhalbjähriges Mädchen spielt Kaffeeeinschenken für imaginäre Gäste. Später sagt die Mutter: Jetzt musst du aufräumen, wir wollen doch Abendbrot essen. – Darauf das Kind: Mama, du denkst nur in echt!< – Diese Sicht des Kindes hat eine Weisheit in sich.«

Ich bin überrascht, eine solche Botschaft von meiner Mutter zu empfangen, die für meine Realitätsauffassung im Allgemeinen wenig Verständnis zeigt. Vielleicht ist es die Qualität der Zeit im geheimnisumwobenen Jahr 2012, die scheinbar Unvereinbares aufeinander zubewegt. Oder eine weitere der unzähligen Synchronizitäten, die sich in unserem Alltag einstellen, wenn wir nur unsere Wahrnehmung dafür öffnen. Meine Mutter ist sich wohl kaum darüber bewusst, dass sie mit dieser Anekdote offene Türen bei mir einrennt und wie gut ihre Aussage zum Grundtenor meines Buches passt. Umso erfreuter bin ich über diese kleine Annäherung zwischen uns.

In der Geschichte baut das Kind mit seinem Einwand eine Brücke zwischen den Welten, in denen Mutter und

Tochter jeweils leben. Viele der in diesem Buch skizzierten Szenarien handeln ebenfalls von Müttern und Kindern sowie anderen Archetypen unseres Bewusstseins, die scheinbar in getrennten Welten leben und außerstande sind, einander wirklich wahrzunehmen – allerdings nur, solange die Illusion der Trennung besteht. Indem wir uns auf der symbolischen Ebene all den apathischen, ablehnenden, streikenden, einengenden oder gefräßigen Monstern zuwenden, die unser Leben bevölkern, und in ihnen jene verlorenen Kinder erkennen, als die wir uns selbst oft so schmerzhaft empfinden, überbrücken wir die Kluft, die uns im »echten« Erleben von unserer elementarsten Nahrungsquelle, der göttlichen Urkraft, trennt.

Stets in bewusster Verbindung mit unserem Innersten zu sein ist das simple Geheimnis, das sich hinter einem erfüllten Leben verbirgt. Nur dann kann echte Begegnung mit einem Anderen stattfinden. Zugleich ist es für uns westlich zivilisierte Menschen, die von klein auf gelernt haben, ihre wahren Bedürfnisse und Gefühle beiseitezuschieben, um zu »funktionieren«, eine der schwierigsten Übungen überhaupt – zumal dann, wenn die Welt ringsum sich immer schneller zu drehen scheint.

In dem Jahr, das seit dem Erscheinen meines ersten Buches zu *ThetaFloating* vergangen ist, war es eine echte Herausforderung für mich, zentriert zu bleiben, hat sich doch die Rotation meiner Realität um eine schwindelerregende Drehzahl potenziert. Das Buch selbst erreichte nach einem halben Jahr mit 6000 verkauften Exemplaren bereits die zweite Auflage. Dem Ansturm auf meine Coaching-Praxis konnte ich nur noch abhelfen, in dem ich 99 Prozent aller Anfragen an meine Schüler weiterreichte. Die meterlangen Wartelisten, die sich schon Monate vor der Publikation des Buches gebildet hatten, bekamen Eselsohren. Die Teilnehmerzahl meiner Seminare schoss in die Höhe. Neben der Realisation von Presseterminen, Kongressvorträgen, Talkrunden und dergleichen erforderte dies hinter den Kulissen den schnellstmöglichen Aufbau eines Sekretariats, einer effizienten Buchhaltung sowie eines kongenialen Teams, das mich bei der Organisation und Durchführung der Seminare unterstützt. Quasi von jetzt auf gleich hatte ich, die mit administrativen Obliegenheiten stets auf Kriegsfuß stand und darum noch aus den Vorjahren einige verwaiste Aktenstapel hortete, ein Unternehmen zu leiten und eine dezentrale Agglomeration aus festen und freien Mitarbeitern zuzüglich externen Lieferanten zu koordinieren. So dankbar ich insgesamt für diesen Erfolg bin, so wenig erquickend fand ich diese bürokratische Karambolage. Da hatte ich bei meiner Bestellung im Universum wohl das Kleingedruckte übersehen.

Aber dann ist wieder Freitag, und ich sitze im Flieger oder Zug zu meinem nächsten Seminar, wo ich all den lieben und strahlenden Gesichtern begegne, um derentwillen wir die werktägliche Beckenbodengymnastik schließlich veranstalten! Dann sinkt die Gehirnwellentätigkeit auf die obligatorische Wohlfühlfrequenz, der Fokus weitet sich auf dreihundertsechzig Grad, und alles fühlt sich rund und voll und schön an. Nichts ist mehr von Bedeutung, bis auf das Gefühl, zur richtigen Zeit am richtigen Ort mit den richtigen Leuten zu sein, um mit ihnen gemeinsam eine neue Welt zu erschaffen.

Neulich kam während eines meiner Seminare eine entzückende Dame zu mir und ergriff meine Hände. »Ich werde dieses Jahr achtzig«, erzählte sie mir, »und ich habe hier zum ersten Mal gefühlt, dass Gott Liebe ist!« Ihr Gesicht leuchtete mit ihrem jadegrünen Kleid um die Wette, und wir freuten uns zusammen wie die Glückskinder über dieses Geschenk. Meine Augen werden heute noch feucht, wenn ich an sie denke. Solche Momente sind es, die mich ein ums andere Mal mit Dankbarkeit und Demut erfüllen. Der ganze

Trubel, den das alltägliche Drumherum und das viele Reisen verursachen, verpufft, und ich fühle mich zutiefst gesegnet, einer Aufgabe nachgehen zu dürfen, die mir so viele kostbare Begegnungen beschert.

Ein Segen ist es auch, seit dem letzten Sommer einen so kompetenten Experten an der Seite zu haben, der mich bei der Zentrierung und Entschleunigung meines Daseins mit unbestechlicher Konsequenz schult. Er stammt aus Andalusien. Er hat die magischsten Augen, aus denen mich je ein Wesen angeblickt hat. Ich bin ihm sofort verfallen. In seiner Gegenwart endet die Zeit. Gitano aus Málaga hat eine lange, wilde Mähne und vier Hufe. Er verkörpert die vollkommene Synthese aus vitaler Urkraft und Verletzbarkeit. Dieses hochsensible Geschöpf erteilt mir starke Lektionen in Wahrhaftigkeit und Präsenz – vor allem aber lehrt es mich dies: wie wichtig es ist, im Umgang mit ihm konsequent meiner Eingebung zu folgen, und sei sie noch so leise. Wann immer ich mir diese Gegenwärtigkeit des Herzens zugestehe, ist unser Beisammensein von Harmonie, Vertrauen und Freude geprägt. Irritationen und Frust gibt es dagegen, wenn ich versuche, etwas mechanisch, womöglich nach irgendeinem schlauen Konzept durchzusetzen. Von Gitano lerne ich unmittelbarer als von irgendwem sonst – denn jede Unachtsamkeit gegenüber einem jungen, temperamentvollen Hengst ist potenziell lebensgefährlich. Die Präsenz, die er fordert, bringt mich nicht nur geradewegs in meinen Körper, sondern vor allem auch in mein Gefühl.

Den untrüglichen Botschaften deiner Gefühle zu folgen sei auch die Botschaft dieses Buches. Mit eindrücklichen Beispielen aus der Praxis möchte ich dir nahebringen, dass deine größte Stärke aus deiner Verletzbarkeit hervorgeht, jenem zarten Puls in deinem Innersten, der dich mit all deinen Sinnen teilhaben lässt an dieser Welt und der deiner Seele entströmt – der Quelle der Weisheit, mit der du im Theta-

Zustand unmittelbar verbunden bist. Mein Anliegen ist es, alle Fassaden zum Einsturz zu bringen, die wir vor uns errichten, um unser Innerstes zu verbergen und zu schützen – mit der wir uns jedoch nur um unsere Einzigartigkeit und Lebendigkeit betrügen.

Etwas ganz anderes ist es dagegen, aus purer Lust an der schöpferischen Selbsterkundung mit verschiedenen Persönlichkeitsaspekten und Maskeraden zu experimentieren, um einen bewussten und damit selbstbestimmten Umgang auch und ganz besonders mit unseren persönlichen Schwachstellen zu etablieren. Gerade unsere Schwächen bergen nämlich das Potenzial, sich in ausgesprochene Stärken zu verwandeln! Jenen spielerischen Zugang zu den kreativen Kräften unseres Geistes will die *Symboling*-Technik vermitteln, die das Herzstück von *ThetaFloating* bildet und auf die sich dieses Buch weitgehend konzentriert.

Im ersten Teil beschreibe ich acht Praxisbeispiele aus der Arbeit mit einer Partnerin. Vier Sessions habe ich dabei anhand realer Fallbeispiele aus meiner Coaching-Praxis rekonstruiert, vier weitere greifen auf Demo-Sessions zurück, die ich zur Veranschaulichung für meine Teilnehmer während meiner Seminare durchgeführt habe. Zur Wahrung des Persönlichkeitsrechts habe ich die Namen selbstverständlich geändert. Keine der Beispielsitzungen beschreibt die Arbeit mit einem männlichen Partner. Wenn ein Viertel der Teilnehmer männlich ist, ist das schon viel; in einem einzigen meiner Seminare war das Geschlechterverhältnis beinahe ausgewogen – und dieses Seminar war ziemlich anstrengend. Den meisten Männern der westlichen Welt fällt es offenbar noch immer schwer, sich Methoden gegenüber zu öffnen, die der Intuition das Zepter überreichen und den rationalen Verstand für die Dauer einer Übung auf einen der hinteren Plätze verweisen – selbst denen, die das gerne wollen. Umso mehr freue ich mich über jeden einzelnen Herrn, der sich in diese traditionell weibliche Domäne vorwagt und als Trendsetter eines ganzheitlichen Bewusstseins daran mitwirkt, die erstarrten Strukturen unserer Verstandesherrschaft aufzuweichen.

Im zweiten Teil des Buches, der sich der Alleinarbeit widmet, möchte ich verschiedene Varianten der inneren Klärung und persönlichen Erkenntnisgewinnung mithilfe des medialen Schreibens erläutern. Dabei geht es um ein Schöpfen von Bildern und Worten aus der Quelle unserer inneren Weisheit, das unseren Geist befreit und das uns Schicht für Schicht unsere ganz persönliche Gabe offenbart – das Lebensmotiv, um dessentwillen wir hier sind. Meine Inhalte leite ich konsequent von persönlichen Einsichten ab, denn ich kann nur das glaubhaft vertreten, was ich selbst als konkrete Wahrheit erlebe.

Obwohl ich schon viele Heilungen und persönliche Durchbrüche begleiten und bezeugen durfte und das jedes Mal sehr berührende und bewegende Momente waren, gilt mein persönliches Interesse weniger dem Heilen als dem Akt der Schöpfung an sich, genauer, den kreativen Aspekten unseres Bewusstseins, mit denen wir absichtlich oder versehentlich unsere Realität erschaffen. Ein *ThetaFloating*-Prozess kann durchaus Heilung bewirken, und die Strategien, die sich wie von selbst aus der Praxis heraus entwickelt haben, zielen ursprünglich auch darauf ab. Aber die bewusste Ausdehnung unserer Wahrnehmung, die Entgrenzung unseres Ich-Erlebens im Theta-Zustand verheißt noch sehr viel mehr als die Verwandlung destruktiver Muster. Wir alle haben noch kaum eine Vorstellung von den unendlichen Möglichkeiten unseres Bewusstseins, geschweige denn von deren praktischer Anwendung.

So ist es auch niemals eine Technik als solche, die positive Verwandlungen in uns bewirkt. Die Verantwortung, fortwährend an uns zu arbeiten, kann uns niemand abnehmen.

Die Magie der Veränderung liegt einzig in uns selbst. Die *Symboling*-Technik kann es uns aber erheblich erleichtern, unsere verborgenen Energiedepots aufzuspüren und für unser Wachstum fruchtbar zu machen. Probiere es aus! Ich wünsche dir auf deinen Reisen durch den Urstrom des Bewusstseins Bilder voller Leuchtkraft und Weisheit – mögen deiner Imagination heilsame Einsichten entspringen.

Esther Kochte,
Berlin im April 2012

Theta – die Schwingungsfrequenz unserer Seele

Während einer *ThetaFloating*-Anwendung strecken sich unsere Gehirnwellen in die kraftvolle, ruhige Theta-Frequenz (4–8 Zyklen pro Sekunde), die wir normalerweise im REM- oder Traumschlaf erreichen und die auch bei der Hypnose benutzt wird. Auf dieser Wellenlänge schwingen wir in Resonanz mit dem Magnetfeld der Erde und sind unmittelbar mit dem gesamten Kosmos der Schöpfung verbunden.

Auf der Ebene der Person nehmen wir uns als getrennt und verschieden von unserer Umwelt wahr – und damit auch als begrenzt. »Hier fange ich an, da höre ich auf.« Doch nichts ist wirklich von anderem getrennt. Auf einer tieferen, nicht-örtlichen Ebene des Bewusstseins, dem »Quellbewusstsein«, aus dem alle Schöpfung hervorgeht, ist alles mit allem verschränkt, jeder Grashalm mit jedem Hubschrauber mit jedem Pfannkuchen mit jedem Eisbär mit jedem Kind, das selbstvergessen im Sand spielt. Im Theta-Zustand verblasst unser Ego, und unsere eingeschränkte Wahrnehmung von uns selbst verschmilzt mit allem, was ist.

Über die Theta-Frequenz habe ich als Coach einen direkten Einblick ins »Zellbewusstsein«[1] meines Klienten und kann genau spüren, was bewusst oder unbewusst in ihm vorgeht. Durch eine intuitive Abfrage der relevanten Infor-

---

1 Den Begriff *Zellbewusstsein* verwende ich im Prinzip synonym zum Begriff des Unterbewusstseins, wie er von der Psychologie seit Sigmund Freud benutzt wird. Allerdings geht das Wort Zellbewusstsein über eine lediglich psychologische Kategorie hinaus. Es bezeichnet das Informationsfeld, in dem unsere sämtlichen Gefühls-, Denk-, Handlungs- und Bewegungsmuster gespeichert sind, aber auch die biophysikalischen Ordnungsmuster, die unsere autonomen Körperprozesse steuern. Der Begriff soll verdeutlichen, dass unsere emotionalen und mentalen Vorgänge über das morphogenetische Feld der Zellen mit unserem Körper verbunden sind und sich darum auch unmittelbar physikalisch auswirken. Vgl. meine modellhafte Unterscheidung der drei Bewusstseinsebenen *Zellbewusstsein, Ich-Bewusstsein* und *Quellbewusstsein* in meinem Buch *ThetaFloating* (2011), S. 80–87.

mationen erkenne ich nicht nur, was seinem Problem zugrunde liegt, sondern kann auch minutiös nachvollziehen, wie sich sein energetisches Muster im Laufe einer Behandlung verändert. Über unsere Imagination erschaffen wir ein gemeinsames Schwingungsfeld, durch das sich selbst tief sitzende Blockaden und traumatische Gefühlsmuster auflösen, Körper und Seele harmonisieren und verborgene Potenziale aktivieren lassen.

Die Integration abgespaltener Wesensanteile

Grundsätzlich steckt hinter jedem Konflikt die emotionale Abspaltung oder Verdrängung eines wesentlichen Aspekts unserer selbst. Im Laufe unserer Sozialisation haben wir gelernt, »unliebsame« Bedürfnisse oder Gefühlsregungen zu unterdrücken oder von uns zu weisen, um uns an die Erwartungen und Bedingungen unserer Umwelt anzupassen. So bringen wir nur das in uns zum Vorschein, was sich gegenüber anderen blicken lassen kann und was uns die Anerkennung unserer Mitmenschen zusichert. Dabei bleibt so manches Bedürfnis, etwa nach authentischem Selbstausdruck, auf der Strecke. Ein wesentliches Bedürfnis, das ständig verdrängt wird und darum unerfüllt bleibt, wird jedoch auf Dauer zum Problem. In der Verbannung führt dieser abgespaltene Teil von uns ein trauriges Schattendasein und muss sich, um überleben zu können, wie ein Vampir von unserer Energie nähren. Diese Energie fehlt uns schließlich, um unsere Ziele zu verwirklichen und ein gesundes, erfülltes Leben zu führen.

Statt unser Leiden mit positiven Affirmationen zu überzuckern, es verzweifelt zu bekämpfen, zu leugnen oder in endlosen Gesprächen zu erörtern, ergründen wir beim *ThetaFloating* geradewegs, wovon es motiviert ist. Jeder psychischen oder körperlichen Blockade, die in Form eines bestimmten Frequenzmusters in unserem Zellbewusstsein abgespeichert ist, liegt ein emotionaler Mangel zugrunde, etwa an Liebe, Wertschätzung, Vertrauen, Sicherheit oder persönlicher Freiheit. Auf der Ebene des Egos erleben wir ein Zuwenig. Auf der Ebene des Quantenbewusstseins jedoch, auf der wir uns im Theta-Zustand bewegen, können wir direkt auf das universelle Energiefeld zugreifen und jedes Mangelgefühl energetisch ausgleichen. Dazu gehört im Prinzip nichts weiter, als uns diesen Zufluss durch einen bewussten Impuls zu erlauben! Während der Anwendung sättigen wir unser Energiefeld also mit der Essenz, an der es uns fehlt. So löst sich unser Symptom auf, und die dadurch freigesetzte Energie fließt uns nun als fruchtbares Potenzial zu. Indem wir den emotionalen Mangel, der sich auch in unserem Konfliktpartner spiegelt, als Schattenanteil unserer selbst erkennen und als solchen akzeptieren, fügt er sich wieder harmonisch in unser Energiefeld ein. Auf diese Weise können wir uns jede Kraft, die unserer Erfüllung entgegensteht, positiv zunutze machen. Statt zu versuchen, unsere Probleme auf der Symptomebene zu lösen, werden wir einfach selbst zur Lösung – und haben damit auch die Ursache unseres Leidens im Griff.

Spielerisch Potenziale erschließen

Die Technik, die sich aus meiner intensiven Coaching-Praxis heraus entwickelt hat[2], nenne ich aufgrund ihres spielerischen Umgangs mit den symbolischen Botschaften unseres Zellbewusstseins *Symboling*; sie bezeichnet einen schöpferischen, bewusstseinserweiternden Prozess, der sich aus der allegorischen Sprache unserer Seele entfaltet, aus bildhaften

---

2   Um ein verbreitetes Missverständnis auszuräumen: Die Symboling-Technik als Kernstück von *ThetaFloating* unterscheidet sich grundlegend von der *ThetaHealing*-Methode nach Vianna Stibal, sowohl in der Vorgehensweise als auch in ihrer Philosophie.

Kompositionen von oftmals erstaunlicher Tiefe und Poesie. Der Theta-Zustand, der unserem Traumbewusstsein entspricht, erlaubt uns einen unmittelbaren Zugang zu den Arealen des kollektiven Unbewussten, dem Reich der Archetypen. Verfolgen wir in dieser Gehirnwellenfrequenz die Absicht, intuitiv ein symbolisches Bild zu empfangen, das sämtliche Informationen zur Lösung einer bestimmten Psychodynamik enthält, steigt zuverlässig ein wahrer Schatz aus diesem Reich empor, bereit, von uns gehoben, erforscht und »nach Hause gebracht«, also in unser bewusstes Dasein integriert zu werden. Das heilsame Potenzial einer solchen Bilderwelt lässt sich am direktesten über unsere Emotionen erschließen, mithilfe derer wir ihre tiefere Wahrheit spielerisch erkunden und systematisch verändern können. Die Verwandlung unserer Gefühlsenergie findet dabei nicht nur auf der symbolischen Ebene statt, sondern wirkt sich unmittelbar auch auf die objektive Ebene unseres Erlebens aus – wie innen, so außen.

Die Außenwelt als Spiegel

Wie prompt die Außenwelt nach einer solchen feinstofflichen Operation mit unserer verwandelten Energie in Resonanz geht, fasziniert mich immer wieder aufs Neue. Unsere Mitmenschen, die von unserer Session in der Regel nichts wissen, geschweige denn aktiv daran beteiligt sind, verhalten sich uns gegenüber nach einem gelungenen *Symboling*-Prozess plötzlich anders, oftmals sogar spürbar anders – und das allein aufgrund unseres veränderten Resonanzfeldes. Die Mutter, die bislang nur mit ihren eigenen Sorgen und Nöten beschäftigt war und unsere freundlichen Bemühungen um sie kategorisch ignoriert hat, macht plötzlich eine anerkennende Bemerkung über uns, der stoffelige Partner zeigt sich ungewohnt entgegenkommend, und unsere Kollegin begrüßt uns gut gelaunt – der lange schwelende Konflikt mit ihr scheint wie weggeblasen. Unsere Umgebung ist ein direkter Spiegel unserer inneren Gestimmtheit. Der effizienteste, tiefgreifendste und nachhaltigste Weg, Veränderungen im Außen zu bewirken, führt also durch unser Innenleben – was wir dort bewirken, zeigt sich eins zu eins in unserer Umwelt.

Emotionen – Botschafter der Seele

Emotionen sind Botschafter unserer Seele, die sich über unsere Zellen in unserem Körper manifestieren. An unseren Gefühlen können wir jeweils ermessen, inwiefern wir mit unseren innersten Wünschen und unseren Lebensmotiven, sprich: unserem Seelenplan, übereinstimmen oder inwieweit wir gerade dabei sind, uns von uns selbst zu entfernen. Emotionen haben eine regulative Funktion. Wenn wir stets nur auf Wohlgefühle aus sind und unsere negativen Empfindungen missachten, laufen wir Gefahr, wichtige Signale zu verkennen, die uns darauf hinweisen wollen, dass wir mit unserem Sein in eine falsche Richtung steuern.

Ein unangenehmes Gefühl erscheint uns deshalb oft intensiver als ein angenehmes, da wir schneller darauf reagieren müssen – zeigt es doch unsere Inkohärenz mit einer Situation an, einen inneren Zwiespalt oder mangelndes Einverständnis mit etwas, das uns begegnet. Es ist ein Warnsignal unseres Ich-Körper-Systems, dass unsere Grenzen oder Bedürfnisse bedroht scheinen. Darum ist es wichtig, einer auftretenden Emotion bewusst nachzuspüren und zu ergründen, wo sie herrührt und wohin sie uns bewegen will. Wovor will meine Angst mich schützen? Welche persönliche Grenze wurde übertreten, wenn ich mich ärgere? Welche Kraft gestehe ich mir selbst nicht zu, wenn ich neidisch bin? Welche Schattenanteile meiner selbst möchten integriert werden, wenn ich eine starke Abneigung gegen etwas oder jemanden verspüre? Was möchte losgelassen und erneuert werden, wenn ich traurig bin? Welche Strategie sollte ich ändern, wenn ich frustriert bin?[3]

Oftmals scheinen unsere Emotionen ein irrationales Eigenleben zu führen. Bei »Andrea« etwa treten immer dann Stresssymptome auf, wenn ein Wunsch sich erfüllt hat oder ein freudiges Ereignis unmittelbar bevorsteht. Auf der Zielgeraden ihrer Träume angelangt, bekommt sie regelmäßig Schweißausbrüche, Magenkrämpfe oder sogar Virusinfektionen. Hier spult sich ein unbewusstes Muster aus ihrer Kindheit ab: »Immer, wenn ich mich freue, werde ich bestraft.« Der Freude auslösende Reiz ist in einer neurologischen Sequenz an die Angst vor Strafe gekoppelt. Folglich schlägt ihr Zellbewusstsein Alarm, um der Bestrafung zu entgehen; zuverlässig sorgt es dafür, dass Andrea gar nicht erst in den Genuss der Freude kommt, der die Strafe nach sich ziehen würde. Derartige Warnsignale zu überhören, zu verdrängen, zu bagatellisieren oder mit blindem Optimismus zu überspielen, wäre nicht nur nutzlos, sondern sogar kontraproduktiv, denn davon verschwindet das Muster nicht, sondern gerät immer weiter außer Kontrolle. Um unsere inneren Saboteure in den Griff zu bekommen, müssen wir uns ihnen zuwenden und sie nach ihrer Funktion befragen: Welches Gefühl, welche schreckliche Wahrheit soll durch das Programm vermieden oder überdeckt werden? In Andreas Fall wäre zu fragen: Wie fühlt es sich an, bestraft zu werden? Nämlich demütigend. Wie fühle ich mich, wenn ich keine Freude verdiene? Wertlos. Diese innere Triebfeder gilt es zu verwandeln – und das beginnt bereits, indem Andrea das Gefühl, das sie seit ihrer Kindheit in sich hineingefressen hat, bewusst annimmt und nicht länger verleugnet. Indem sie es sich erlaubt, einmal ganz bewusst zu fühlen, wie schmerzhaft es ist, »wertlos« zu sein. Denn das entspricht noch immer ihrer emotionalen

---

3   Vgl. hierzu das hervorragende Werk von Karla McLaren (2010).

Wahrheit. Allein durch den bewussten Kontakt zu ihren verdrängten Emotionen kommt die stagnierte Energie in Fluss. So verwandelt sich jene Kraft, die Andrea unbewusst dazu benötigte, um ein Sabotageprogramm aufrechtzuerhalten, das wiederum ihr negatives Gefühl in Schach hielt, in reine, vitale Lebensenergie. Das destruktive Gefühl der Wertlosigkeit weicht dann einem heilsamen Gefühl der Gnade und des Angenommenseins.

Je stärker ein Erlebnis emotional aufgeladen ist, umso wichtiger wird es von unserem Zellbewusstsein eingestuft. Somit brennt unser Körper vorzugsweise solche Erinnerungen auf seine zellulären Festplatten, die mit starken Emotionen einhergehen – ein schmerzhaftes Erlebnis gräbt sich als energetisches Muster besonders tief in unser Zellbewusstsein ein. Unsere Emotionen sind folglich das Vehikel, über das sich diese Prägungen wieder aufschließen und verwandeln lassen.

Aufgrund der symbolischen Codierung der Informationen gelingt dies unabhängig von der persönlichen Biografie eines Menschen, also auch ohne seine traumatische Geschichte zu kennen oder explizit zu berücksichtigen. Denn das Problem ist nicht die Geschichte oder das konkrete Ereignis als solches, sondern die daran gebundenen Emotionen. Ein Trauma entsteht, wenn die emotionale Dynamik während eines Ereignisses nicht vollständig durchlebt werden kann, etwa weil der Schock oder die Grenzverletzung zu komplex und schmerzhaft sind, um sie mit einem Mal zu bewältigen. Der natürliche Fluss der Emotionen stagniert, ihre Energie friert ein und wird als Abspaltung im Zellbewusstsein gespeichert. Der Ausweg aus dem Trauma führt demnach über seine energetische Vollendung. Die bewusste Kanalisierung der abgespaltenen Emotionen ist der Schlüssel zur Heilung.

Wohlgemerkt muss ich dafür nicht das ursprüngliche Trauma erneut durchleben. Der Prozess vollzieht sich vielmehr entlang eines Szenarios, in dem die traumatische Dynamik *symbolisch* abgebildet wird. Ein solches Bild kann ich mit der entsprechenden Absicht im Theta-Zustand über mein Quellbewusstsein aus dem Feld der Archetypen abrufen. Indem ich dieses Szenario in meiner Vorstellung bewusst durchlebe und aktiv darin eingreife, erhält mein Zellbewusstsein heilsame Impulse und kann sich entsprechend neu organisieren. Im Laufe eines *ThetaFloating*-Prozesses, in dem wir uns mit allen Sinnen in einer solchen symbolischen Szenerie bewegen und ihre Psychodynamik spielerisch erforschen, wollen wir gezielt ihren emotionalen Gehalt ergründen und heilsam verändern.

Dazu bitte ich meine Klienten, sich nach und nach in die verschiedenen Figuren des Bildes hineinzuspüren und diese miteinander interagieren zu lassen. Nach jedem aktiven Impuls, den wir in das Bild hineingeben, beobachten wir *passiv*, wie sich die Figurenkonstellation verändert. Dabei ist unbedingt zu beachten, dass das tatsächliche Ergebnis nicht immer mit dem erwarteten Ergebnis übereinstimmt. Entscheidend ist, was wir tatsächlich wahrnehmen, nicht, was wir beabsichtigt haben. Zum Beispiel kann es mir angebracht erscheinen, einer Figur, die sich innerhalb einer Konstellation fahrig und nervös gebärdet, ein Gefühl von Vertrauen zu schenken. Wenn die Figur daraufhin jedoch nicht ruhiger wird, sondern abwehrend oder gar panisch reagiert – das kann ich nicht nur innerhalb des Bildes beobachten, sondern in der Regel auch körperlich spüren –, weiß ich, dass das eigentliche Motiv ihrer Unruhe noch nicht erkannt wurde und ich meine Bemühungen darauf richten muss, diesem auf den Grund zu gehen. Widerstände erfüllen immer eine Schutzfunktion. Unser Gefühl, das sich im Bild symbolisch artikuliert, ist unbestechlich und gibt uns über den jeweiligen energetischen Zustand akkurat Auskunft.

Die unverzichtbare Frage nach jeder Interaktion lautet darum: *Wie fühlt sich das an?* Dabei ist es wichtig, sich nicht nur in denjenigen Protagonisten einzufühlen, der unsere gewohnte Rolle verkörpert und mit dem wir uns eins zu eins identifizieren, sondern auch in den Antagonisten, die Gegenfigur. Denn diese repräsentiert denjenigen »verwunschenen« Wesensanteil unserer selbst, der uns das Leben schwer macht, auch und gerade dann, wenn es sich dabei um eine reale Person handelt. Diesen verdrängten und abgespaltenen Anteil gilt es, konstruktiv zu verwandeln und als hilfreiche Kraft in die eigene Persönlichkeit zu integrieren. Je mehr von unserem Schatten wir erleuchten, desto heller strahlt unser Licht.

Körperliche Zeichen für den inneren Wandel

Während wir in die Welt der Archetypen eintauchen, bauen wir eine manchmal kaum merkliche Spannung auf. Diese Spannung ist körperlich wahrnehmbar, durch einen Druck im Solarplexus, ein Zusammenziehen der Kehle, eine Schwere im Brustbereich, durch unwillkürliches Luftanhalten oder durch verschiedene, manchmal schmerzhafte Muskelanspannungen. Eine Schlüsselszene, der Moment der Wahrheit, in dem die vormals gestauten Emotionen sich dankbar ihren Weg durch unser System bahnen und heilsam abfließen, offenbart sich nicht zuletzt durch ein Loslassen im Körper. Dann entfährt uns ein Seufzer oder Schluchzer, wir müssen weinen, die Gliedmaßen lockern sich, und eventuelle Druck- und Spannungsgefühle lassen nach. Eine gelungene Transformation und Erlösung zeigt sich unmittelbar im Körper und ist in der Regel auch sichtbar: Die Wirbelsäule richtet sich auf, der Atem fließt frei, die Gesichtszüge entspannen sich, die Haut strahlt gut durchblutet, und die Augen leuchten. Das gesamte Ich-Körper-System balanciert sich aus, Wohlsein kehrt ein, Schmerzen lassen nach, Krankheiten beginnen zu heilen, Beziehungen und persönliche Umstände klären sich.

Eine transformative Reise durchs Bewusstsein

Für nachhaltige Ergebnisse empfiehlt sich eine regelmäßige Anwendung der *Symboling*-Strategie, bis sich die veränderte Selbstwahrnehmung und das daraus resultierende neue Lebensgefühl stabilisiert und vollständig ins Alltagsbewusstsein integriert haben. Auf unserem Weg ergeben sich immer wieder neue Unstimmigkeiten und Knackpunkte, die es wert sind, durchleuchtet zu werden. So bewirken wir ein stetiges Wachstum über unsere persönlichen Beschränkungen hinaus und öffnen uns einem Leben in Achtsamkeit und Fülle.

Vertrauen wir dem Bilderstrom unserer Intuition, so werden wir zuverlässig zu den brachliegenden Juwelen der Seele geführt. Es ist eine Reise. Mal ein kompakter Kurztrip voller Brillanz und Leuchtkraft, mal ein verschlungener Trampelpfad. Jeder Weg lohnt sich, jeder Weg offenbart uns Aspekte unserer selbst, die wahrgenommen und gewürdigt werden wollen. Sobald sie von uns erkannt und emotional nachvollzogen wurden, werden sie heilen und in verwandelter Gestalt in unser persönliches Vitalkraftfeld eintreten. Sie verleihen uns die Energie, die sie benötigt haben, um ihr Schattendasein in der Unterwelt der Psyche zu fristen, und stellen uns ihre Weisheit zur Verfügung, sobald wir sie im Lichte unserer Kenntnisnahme willkommen heißen. Diese Anteile sind unsere Freunde. Wenden wir uns der Emotion zu, die sich in ihnen jeweils zu erkennen geben will, entströmt dem Ort, der eben noch von Leid geprägt war, jene weiche, klare Kraft, die uns durch und durch reinigt, vitalisiert und stärkt. Das ist so magisch wie gewiss.

Pferde – Seismografen der Wahrheit

Die eindrucksvollste Erkenntnis über die Untrüglichkeit der inneren Wahrheit offenbarte mir die Begegnung mit einem Pferd. Als die Teilnehmerzahl meiner Seminare aufgrund meines Bucherfolgs und der sich schnell verbreitenden Mund-zu-Mund-Propaganda immer größer wurde, stellte sich mir die Frage, ob meine natürlichen Führungsqualitäten als Seminarleiterin diesem Anspruch überhaupt würden standhalten können. Ich sorgte mich, ob ich den Erwartungen so vieler hoffnungsvoller, teils verzweifelter Menschen auf einmal überhaupt gewachsen sein würde, und fühlte eine große Verantwortung gegenüber meiner Aufgabe, ihnen zu einem veränderten Bewusstsein zu verhelfen und zu ihrer ureigenen Kraft zu finden. Zur gleichen Zeit hatte ich begonnen, mich intensiv mit dem Werk der US-amerikanischen Pferdetrainerin und Autorin Linda Kohanov auseinanderzusetzen, die im Rahmen ihres experimentellen Therapieprogramms *Epona* die psychologische Wechselbeziehung zwischen Menschen und Pferden erforscht und dabei zu sensationellen Erkenntnissen über die seismografische Sensibilität der Pferde gegenüber unseren verborgenen Emotionen gelangte. Gespannt belegte ich einen Kurs in pferdegestütztem Erfahrungslernen bei ihrer deutschen *Epona*-Instruktorin und Autorin Ulrike Dietmann.

Um etwas über natürliche Führungsqualitäten zu erfahren, wählte ich als Übungspartner einen schwarzen Friesen, den Showhengst Maxim – denn welches Pferd wäre besser geeignet als ein Alpha-Tier von tausendzweihundert Pfund, dem das Führen im Blut liegt? Klopfenden Herzens betrat ich den Round Pen. Seine majestätische Erscheinung blickte mir aufmerksam entgegen. Ich blieb am Eingang stehen und hoffte, das Pferd würde auf mich zukommen und mich begrüßen. Doch der Hengst blieb stehen, wo er war, in zehn Metern Entfernung. »Wenn du willst, dass er dich mehr beachtet, musst du näher an ihn herantreten«, rief die Kursleiterin Ulrike mir zu, die das Geschehen von außerhalb der Umzäunung begleitete. Ich trat also entschlossenen Schrittes an das Pferd heran, schließlich wollte ich ja von ihm als starke Persönlichkeit anerkannt werden. Freundlich blies Maxim mir zur Begrüßung seinen Atem entgegen und ließ sich die Berührung seiner weichen Nüstern gefallen. Ob ich ihn auch herumführen kann? Ich nahm ihn am Halfter, zog leicht in die Richtung, in die ich mich bewegte, und erwartete, dass er mir folgen würde, wie ich es von den Schulpferden meiner Kindheit gewohnt war. Er folgte höflich – allerdings nur wenige Schritte, dann blieb er stehen. Ich zog kräftiger und schnalzte mit der Zunge. Wieder ging er zögerlich einige Schritte mit, bevor er erneut stehen blieb. »Los, mit Energie!«, feuerte Ulrike mich an. »Er muss spüren, dass du wirklich entschlossen bist, ihn dahin mitzunehmen, wo du hinwillst!« Ich plusterte mich auf und versuchte, energisch zu wirken, aber das Resultat war trotz aller Anstrengung mäßig. »Tja Mädel«, schien der Hengst zu sagen. »Ich verstehe ja dein Anliegen, aber der Boss hier bin immer noch ich.« Nicht nur vor dem Hintergrund der Führungsthematik war mir diese müde Vorstellung peinlich. Ich ließ das Halfter los. Unschlüssig, was ich nun tun sollte, spürte ich in mich hinein. Warum war ich überhaupt hier? In erster Linie, weil ich Pferde liebte. Nach langer Abstinenz gönnte ich mir endlich mal wieder ein Wochenende mit diesen wunderbaren Geschöpfen. Wenn ich ehrlich war, hatte ich gar keine Lust, meine kostbare Zeit mit einem Pferd mit diesem albernen Im-Kreis-Herumführen zu vertun. Aus den Augenwinkeln registrierte ich, dass der Hengst sein Maul leckte und vor sich hin kaute, ein Zeichen innerer Loslösung und Akzeptanz, zumal nach einer angespannten Situation. Viel lieber, gestand ich mir ein, würde ich ohne ein besonderes Ziel die Gegenwart dieses prächtigen Tiers genießen, seine Energie durch mich fließen lassen und einfach so mit ihm zusammen sein. Vielleicht könnten wir auf diese Weise ein gemeinsames genussvolles Erlebnis aus dem Augenblick heraus erschaffen? Der Hengst wandte mir neugierig den Kopf zu. Partnerschaft und spontane Kreativität liegen mir einfach mehr, als den dicken Max zu markieren. So in Gedanken bewegte ich mich spontan ein paar Schritte vorwärts. Der Hengst folgte mir – ohne dass ich ihn dabei berührte! Ich ging weiter. Der Hengst begleitete mich, zehn Meter, zwanzig Meter ...

Was war geschehen? Was war anders als bei meinen vorhergehenden Versuchen, ihn zum Mitlaufen zu bewegen? Ganz einfach: Solange ich vornehmlich darauf aus war, als Führungspersönlichkeit anerkannt zu werden, hatte Maxim mich auflaufen lassen. In dem Moment aber, da ich mein Geltungsbewusstsein als solches entlarvte und mir meiner wahren Befindlichkeit bewusst wurde, hatte er sich mir angeschlossen (in der Pferdefachsprache als *Join-up* bezeichnet) – aus eigenverantwortlicher Überzeugung und aufrichtigem Interesse, nicht, weil er mit blindem Gehorsam darauf abgerichtet war oder ich ihn dazu gedrängt hätte. In einem minutiösen Prozess erlebte ich hier, dass ein von sich selbst eingenommenes oder gar dominantes Auftreten weitaus weniger überzeugend ist als ein durch und durch authentisches – was die bewusste Wahrnehmung und ehrliche Anerkennung meiner aktuellen Befindlichkeit voraussetzt, ganz gleich, wie gut oder schlecht ich gerade in Form bin. Meine Erscheinung war ja gerade alles andere als heldenhaft. Voller Verlegenheit hatte ich mir eingestehen müssen, meinem Führungsanspruch in dieser Situation nicht gewachsen zu sein – jedenfalls nicht so, wie ich mir das vorgestellt hatte. Nach diesem Eingeständnis, was ich wirklich fühlte, erlaubte ich mir zu spüren, was ich wirklich wollte. Ich wurde kongruent mit meinem Innersten. Im selben Moment wendete sich die Konstellation mit dem Hengst, und ich bekam eine vollkommene Antwort auf meine Frage, was natürliche und gemeinschaftliche Führung bedeutet, nämlich zunächst einmal mit sich selbst in Führung zu sein und somit jede Situation in Übereinstimmung mit dem eigenen Innersten zu meistern.

Das Authentische ist immer das Schöpferische aus sich selbst heraus. Solange du für deine eigenen Bedürfnisse blind bist oder diese aus irgendwelchen »vernünftigen« Gründen übergehst, kannst du auch anderen keine Leitfigur sein – und schon gar nicht gegenüber einem Pferd, das bereits spürt, wie du drauf bist, lange bevor du überhaupt seine Koppel betreten hast. Ein Pferd interessiert sich nicht für Titel, Orden und Auszeichnungen und auch nicht dafür, wie viele Menschen in deine Seminare strömen. Das untrügliche Maß für deine soziale Kompetenz ist deine Herzverbundenheit, und die kann immer nur von deinem Innersten ausgehen. »Die Pferde reagieren auf unser Wesen, nicht auf das Verhalten, das wir vor uns hertragen oder uns als effektiv zurechtgelegt haben«, schreibt Ulrike Dietmann in ihrem Buch *Auf den Flügeln der Pferde. Eine Heldinnenreise ins Herz der Kreatur.* »Sie fragen andauernd, ob du echt bist. Sie tun es, um herauszufinden, ob sie dir vertrauen können. Sie sind auf die sozialen Fähigkeiten ihrer Herdenmitglieder angewiesen. Pferde wissen genau, wer das führungsstärkste Tier ist. Und diesem Tier folgen sie.«[4]

Eine weitere Episode mit einem Pferd stellte während dieses Workshops meinen spirituellen Dünkel auf die Probe. Mit einem spanischen Schimmelwallach wollte ich ausprobieren, was vollkommene Präsenz im Hier und Jetzt bedeutet, davon ausgehend, dass dieser Zustand ähnlich dem puren Verweilen in der Leere sei. Dafür setzte ich mich in

---

4   Dietmann (2011), S. 111.

Anwesenheit des Wallachs in der Mitte des Round Pens in den Schneidersitz, schloss die Augen, flog durchs Kronenchakra aus meinem Körper und verlor mich in einer meinem Ich übergeordneten Dimension des Bewusstseins. Vage spürte ich, wie der Wallach neugierig näher kam, und hegte die Erwartung, er würde mir gleich seinen Atem in die Krone blasen. Stattdessen stieß er mich unsanft mit der Nase an, sodass ich das Gleichgewicht verlor und unwillkürlich die Augen öffnete – gerade noch rechtzeitig, um zu bemerken, dass er im Begriff war, seinen Huf auf mein Bein zu setzen. Erschrocken sprang ich auf. Um ein Haar wäre dieser Lump auf mich draufgetrampelt!

Linda Kohanov wurde während ihrer Workshops mehrfach Zeugin davon, wie ihre Therapiepferde Menschen, die exzessiv meditierten, um ihre Probleme im Nirwana aufzulösen, entweder vollkommen ignorierten oder aber gnadenlos im Round Pen herumschubsten, so als wollten sie sagen: »Hey, du bist gar nicht richtig da, komm mal runter von deiner Wolke!« Besonders häufig beobachtete Kohanov dieses Verhalten ihrer Vierbeiner gegenüber hochgeachteten spirituellen Lehrern.

Perplex klopfte ich mir den Sand von den Jeans. Der Wallach hatte sich von mir abgewandt und schnüffelte interessiert an den Pferdeäpfeln, die einer seiner Kollegen auf dem Boden hinterlassen hatte. Allmählich gewann ich meine Fassung zurück und startete einen neuen Versuch, die Aufmerksamkeit des Pferdes kraft meines Bewusstseins zu erlangen. Ich konzentrierte mich zunächst auf meine Körperempfindungen, denn unser Körper liefert uns ein wunderbares Instrument, mit dem wir unsere emotionelle Stimmigkeit in jeder Situation überprüfen können. Als ich mir meines Körpers voll bewusst war, dehnte ich meine Aufmerksamkeit zugleich auf das Pferd vor mir aus und wurde mir zusätzlich unserer Umgebung gewahr. Allmählich entstand in mir jenes weiche, ausgedehnte, zutiefst friedliche Gefühl der Gegenwärtigkeit, das Frank Kinslow in seiner *Quantenheilung* als Eu-Gefühl bezeichnet und das auch durch einen *ThetaFloating*-Prozess trägt. Der Wallach hob aufmerksam seinen Kopf und schaute mich mit gespitzten Ohren an. Ich vertiefte die Präsenz mit meinem und seinem Körper und dem Raum dazwischen. Warme Wellen des Einvernehmens schienen aus seinen samtenen Augen in meine Richtung zu strömen und sich mit meinem Geist zu verbinden. Zwischen uns entstand eine unendliche Rückkopplungsschleife aus Achtsamkeit und Hingabe an den Augenblick. So standen wir, ohne mit der Wimper zu zucken, mehrere Minuten, die sich anfühlten wie eine Ewigkeit, und teilten einen Atem. Das Pferd, seine Umgebung und ich waren zu einem einzigen Bewusstsein verschmolzen. Dabei war ich mir der Absicht meiner Übung die ganze Zeit über bewusst – vor allem aber blieb ich voll anwesend in meinem Körper. Das war der entscheidende Unterschied zu meinem vorangegangenen Versuch, bei dem ich mich über das Kronenchakra aus meinem Körper hinauskatapultiert und die Umwelt weitgehend ausgeblendet hatte.

Ein Pferd kann es sich als Beutetier nicht leisten, von seinem Körper oder seiner Umwelt zu dissoziieren. Sein Leib, insbesondere sein Gedärm (= Bauchgefühl), ist das Empfangsgerät, über das es feinste Änderungen und atmosphärische Verschiebungen in seiner Umgebung wahrnimmt, um augenblicklich darauf reagieren und notfalls fliehen zu können und, sobald die Gefahr vorüber ist, unverzüglich in den energiesparenden Modus des Dösens oder Grasens zurückzukehren. Es muss dabei zugleich sich selbst, seine Herdenmitglieder und die Steppe bis zu ihren fernen Ausläufern am Horizont im Auge behalten.

Pferde sind Spezialisten der absoluten Präsenz im Hier und Jetzt. Dieser Zustand als das vielbeschworene A und O der praktischen Spiritualität bedeutet, auf *allen* Ebenen unseres Seins anwesend zu sein, auf der spirituellen, der mentalen, der emotionalen und der materiellen. Es bedeutet, achtsam mit sich selbst zu sein wie mit dem Anderen, der Umwelt. Spirituelle Meisterschaft erreichen wir keineswegs durch das Abheben in hochschwingende Sphären oder indem wir das Universum affirmativ mit unserem Wunschzettel beschwören. Wir erlangen sie vielmehr, indem wir mit den Füßen auf dem Boden die oftmals unbewussten Gefühle ergründen, die mit unseren Wünschen und Abneigungen einhergehen, und diese durch unsere schlichte Kenntnisnahme würdigen. Sobald wir etwas in uns verdrängen oder negieren, blockieren wir den natürlichen Fluss unserer Lebenskraft. Wir sparen viel Energie, wenn wir einfach damit aufhören, unsere aktuellen Gefühle zu leugnen und zu maskieren – Energie, die wir nicht nur zur Erhaltung unserer Gesundheit benötigen, sondern auch zur Kultivierung unserer alltäglichen Lebensfreude.

Praxisteil 1: *ThetaFloating* zu zweit – die Anwendung der *Symboling*-Technik mit einem Partner

Beispiel-Sessions
(8 Praxisbeispiele)

1. Beispiel: Daniela

»Daniela« (36) ist mit den Nerven am Ende. Sosehr sie sich auch bemüht, ein selbstbestimmtes Leben zu führen, es gelingt ihr nicht, sich dem Zugriff ihrer egozentrischen Mutter zu entziehen. Seit sie das Elternhaus verlassen hat, ruft ihre Mutter täglich bei ihr an, beklagt sich über ihr einsames, freudloses Leben und wirft ihrer Tochter vor, sich zu wenig um sie zu kümmern. Wenn Daniela nicht ans Telefon geht, leidet sie unter Schuldgefühlen und nächtlichen Schlafstörungen.

Bei einer klassischen Lebensberatung würde ich meine Klientin vielleicht darin bestärken, sich in einer offenen Konfrontation mit ihrer Mutter auseinanderzusetzen, um diese dazu zu bewegen, die persönlichen Grenzen und das Eigenleben ihrer Tochter zu respektieren. Doch mit *Theta–Floating*, das konsequent ganzheitlich und integrativ arbeitet, regeln wir alles, was wir in unserem Leben verändern wollen, über unser persönliches Energiefeld – denn dort ist nach dem Resonanzprinzip die gesamte Außenwelt spiegelbildlich repräsentiert. Dazu müssen wir zunächst das, was uns auf der scheinbar objektiven Ebene widerfährt, mit unserem inneren Sein in Beziehung setzen und die Übereinstimmung im Positiven wie im Negativen erkennen. So sind wir in der Lage, die äußeren Begebenheiten über unser Innenleben zu steuern, genauer gesagt, über unser Fühlen. Denn das Fühlen ist dem Sein näher als das Denken oder Handeln. Wie gehe ich in Danielas Fall vor? Nach der kurzen Schilderung ihres Problems schließen wir beide die Augen. Ich expandiere in den Theta-Zustand und lasse vor meinem geistigen Auge ein Bild entstehen, das die emotionale Konstellation mit ihrer Mutter symbolisch verdichtet repräsentiert. Bilder sprechen die Sprache unseres Unterbewusstseins, mit dem wir in der Theta-Frequenz unmittelbar verbunden sind.

Ich sehe Daniela in Gefangenschaft unter einer Glasglocke hocken. Um ihren Hals trägt sie einen dicken Strick, der durch verschiedene Öffnungen in der Glocke zu ihrer Mutter führt, genauer zieht die Mutter die Fäden bei ihrer Tochter wie bei einer Marionette. Jeder Versuch, sich aus ihren Fesseln zu befreien, zieht die Schlinge enger um Danielas Hals. Ich konfrontiere Daniela mit diesem Bild und lasse sie dabei in ihren Körper hineinspüren. Augenblicklich fühlt sie die Enge in Kehle und Brust. Schweiß bricht ihr aus allen Poren, und ihr Magen krampft sich zusammen – Begleiterscheinungen, die regelmäßig im Kontakt mit ihrer Mutter auftreten und noch Stunden andauern, nachdem sie den Hörer aufgelegt hat. Das Bild trifft also ins Schwarze, der Rapport zwischen uns ist hergestellt.

Nun erforschen wir das emotionale Potenzial dieses Bildes, welches das energetische Muster in Danielas Zellbewusstsein repräsentiert, indem wir experimentell damit herumspielen. Offensichtlich erpresst und manipuliert die Mutter ihre Tochter mit ihrer Opfermaske und erscheint damit als Täterin, als deren Opfer sich Daniela wiederum erlebt. Mein erstes Ziel ist es, Daniela nicht nur ihre eigene Gefühlslage angesichts der Situation zu vergegenwärtigen, sondern diese als spiegelbildlich zu den Gefühlen ihrer Mutter zu entlarven – und zwar nicht nur auf der Verstandesebene, sondern im konkreten Erleben. Dafür eignen sich Visualisierungen ganz hervorragend.

Oberflächlich betrachtet, mag Danielas Mutter selbstbezogen sein. Tatsächlich ist sie jedoch nicht auf ihr eigentliches Selbst, sondern auf ihren persönlichen Mangel, sprich: ihre unerfüllten Bedürfnisse, fixiert. Blind gegenüber ihren brachliegenden Potenzialen und ungelebten Schattenanteilen, überschreitet sie rücksichtslos Danielas Grenzen. »Was bräuchte die Mutter für Gefühlsqualitäten, damit sie dich respektieren könnte und dich von der Leine ließe?«, frage ich Daniela. »Wie müsste die Mutter sich selbst erleben?« – »Sie bräuchte Liebe«, sagt Daniela. »Genau das, was ich ihr nicht geben kann.« Und beklommen fügt sie hinzu: »Obwohl ich es als ihre Tochter eigentlich müsste.«

Darum auch der Strick um ihren Hals. Die Schlinge, die sich enger zieht, wenn Daniela der Mutter zu entkommen versucht, steht für ihre Schuldgefühle, ihrer Mutter nicht das geben zu können, was diese von ihr einfordert, nämlich Zuwendung und Wertschätzung. Wie könnte sie auch etwas geben, was die Mutter ihr selbst immer schuldig geblieben ist? Unter den gegenseitigen Schuldzuweisungen offenbart sich eine abgrundtiefe Verzweiflung über die eigene Nichtigkeit und Ohnmacht dem Leben gegenüber. Wenn die Mutter ihrer Tochter mangelnde Zuwendung vorwirft, verharrt sie damit im gleichen Mangelzustand, den Daniela empfindet, wenn sie sich den Übergriffen ihrer Mutter schutzlos ausgeliefert fühlt. Beide Frauen verkennen ihre Macht, ihre Situation kraft ihrer Gefühle verändern zu können. Doch das Potenzial der Verwandlung liegt genau in diesem Komplex verborgen. Indem wir die Gefühle aufspüren und bewusst fließen lassen, die an das problematische Verhaltensmuster gebunden sind, gewinnen wir die Kontrolle darüber. Die energetische Konstellation des Bildes verwandelt sich – und damit das Muster selbst.

Daniela erkennt an, dass sie ihrer Mutter gegenüber Schuld statt Liebe empfindet. Statt dieses Gefühl zu bekämpfen, wie sie es sonst tut, lässt sie sich in unserer Sitzung nun bewusst darauf ein. Erstmals kann sie sich erlauben, zu fühlen, was sie nun einmal fühlt. So fließt die bis dato verdrängte Emotion zurück in ihr Wachbewusstsein und hat damit die Möglichkeit, das zu tun, wozu eine Emotion da ist, nämlich die Kräfte ihrer Besitzerin zu mobilisieren und diese zu einer Veränderung ihrer inneren Haltung zu bewegen *(emotion)*.

»Welche Farbe hat das Schuldgefühl?«, frage ich Daniela, um es ihr zu erleichtern, den Verlauf ihres Gefühlsstroms zu beobachten.

»Gelb«, sagt Daniela.

»Dann visualisiere jetzt mal, wie dieses Gelb durch den Strick zu deiner Mutter fließt, und beobachte, wie sich das Bild dadurch verändert.«

»Erstaunlich«, sagt Daniela nach einer Weile und atmet auf. »Die Glasglocke ist verschwunden, und der Strick ist zu einem Band geworden, das lose um meinen Hals liegt.«

»Wie fühlst du dich mit diesem Band?«

»Viel leichter und freier.«

»Willst du es losbinden?«

Daniela versucht in ihrer Vorstellung, das Band zu lösen, aber es gelingt nicht recht.

»Eigentlich fühlt es sich so auch ganz gut an«, sagt sie. »Es gibt mir Halt.«

»Sieh an, mit deiner Mutter verbunden zu sein, gibt dir Halt! Wie ist ihre Körperhaltung gerade, am anderen Ende des Bandes?«

»Meine Mutter steht jetzt irgendwie entspannter da, nicht mehr ganz so lauernd.«

So erspüren und verändern wir Schritt für Schritt die emotionale Dynamik des Bildes. Schließlich frage ich Daniela, ob sie nun Liebe für ihre Mutter empfinden kann. Sie verneint es, allerdings bereite ihr das keinen Stress mehr. Die Schuldgefühle, die sie in ihre missliche Lage gezwungen haben, sind spürbar aufgelöst. Der nächste Anruf der Mutter »im wahren Leben« verläuft deutlich entspannter als sonst. Statt ihrer Tochter die üblichen Vorwürfe zu machen, plaudert die Mutter ungewohnt munter drauflos. Ein schönes erstes Ergebnis, das in weiteren Sessions gefestigt und vertieft werden kann.

2. Beispiel: Eva

Auch »Eva« (43), mit der ich schon mehrfach erfolgreich am Telefon gearbeitet habe, möchte in der hier geschilderten Session die belastende Beziehung zu ihrer Mutter thematisieren, die ganz ähnlich gelagert ist wie die von Daniela. Ich stelle diese Session hier direkt anschließend vor, um zu demonstrieren, wie unterschiedlich sich ein *Symboling* bei einer vergleichbaren Thematik gestalten kann, ausgehend von einer grundverschiedenen Symbolik.

Evas Mutter ist außerstande, ihre Tochter als erwachsenes Wesen mit eigenen Bedürfnissen wahrzunehmen, und verweigert ihr jede Anerkennung und jeden Respekt. Vielmehr mischt sie sich ständig kritisch in ihre Angelegenheiten ein. Das Lamentieren über ihre eigenen Leiden nimmt in der Beziehung viel Raum ein. Für die Nöte ihrer Tochter, die unter wiederkehrenden Panikattacken sowie Mobbing am Arbeitsplatz leidet, hat sie kein Verständnis.

In dem Bild, das ich im Theta-Zustand empfange, sehe ich Eva in zweierlei Gestalt: Einmal erscheint sie mir als Wurm im Schnabel einer Krähe. Die Krähe ist ihre Mutter. Ein anderer, unsichtbarer Teil ihrer selbst kauert, von der Krähe unentdeckt, unter der Erde und beobachtet stumm, wie die Krähe den Wurm durch heftiges Schütteln ihres Kopfes rücksichtslos in ihrem Schnabel herumschleudert. Ich skizziere Eva das Bild und bitte sie, sich in die Lage hineinzuversetzen. Sie kann ihre subjektive Empfindung, der Mutter hilflos wie ein Wurm ausgeliefert zu sein, wiedererkennen. **Nun gilt es, die emotionale Dynamik des Bildes zu erkunden, indem wir uns abwechselnd in die verschiedenen Figuren einfühlen. Eine bewährte Strategie, um die verdeckten Gefühle einer Person aufzuspüren, ist eine Variante der *Was-wäre-wenn*-Frage: Was würdest du am liebsten in dieser Situation tun, wenn es keine moralischen Tabus und Sanktionen gäbe?**

Ich frage also Eva, was sie anstelle der Beobachterin unter der Erde, die nicht in das Drama zwischen Krähe und Wurm verstrickt und darum frei beweglich ist, am liebsten mit der Krähe tun würde, wenn sie keine moralischen Skrupel hätte und keine Strafe befürchten müsste.

»Dann würde ich der Krähe am liebsten in den Hintern treten!«, antwortet Eva prompt.

»Und auf geht's!«, fordere ich sie zu ihrem ersten Schlag auf. »Kriech aus deinem Erdloch heraus und stell dir mit allen Sinnen vor, wie das wäre, der alten Krähe mal so richtig in den Arsch zu treten! Schmackes!«

Eva holt aus. In meiner Vorstellung sehe ich die Federn fliegen. »Und?«, frage ich nach einer Weile. »Wie fühlt sich das an?«

»Guut!«, sagt Eva am anderen Ende der Leitung. »Richtig gut! Am liebsten würde ich noch mal!«

Wir lachen. Evas Anspannung, die noch zu Beginn des Telefonats in ihrer Stimme lag, ist verflogen.

»Bitte sehr«, ermuntere ich sie. »Hau rein!«

Eva holt ein zweites Mal aus, und die Krähe muss abermals mächtig Federn lassen.

»Das tat gut!«, seufzt Eva.

»Nun schau dir mal die Krähe an. Wie hat sie reagiert?«
Eva lässt das Bild nach der energetischen Veränderung,
die das Dampfablassen bewirkt hat, erneut auf sich wirken.
»Die Krähe schaut ziemlich verdattert drein. Sie ist völlig
perplex.«

»Was ist mit dem Wurm?«

»Der ist ihr vor Schreck aus dem Schnabel gefallen.«

»Sieh an.« Ich schaue mich selbst in dem veränderten
Szenario um und finde den überraschten Ausdruck der Mutter bemerkenswert – dadurch erscheint sie plötzlich sehr
präsent im Augenblick. War sie eben noch auf sich selbst fixiert und ihrer Tochter gegenüber degradierend und verlet-
zend, erscheint nun ein großes Fragezeichen in ihrem Gesicht, als würde sie die Tochter zum ersten Mal richtig
wahrnehmen. Mit dem Tritt in den Hintern hat Eva, die
früh gelernt hat, ihre Bedürfnisse und ihren Ärger gegenüber
ihren Eltern zu unterdrücken, ihre übergriffige Mutter in die
Schranken gewiesen und sich den Respekt verschafft, der ihr
gebührt. Durch die lebenslange Unterdrückung ihrer Gefühle hatte Eva jegliches Gespür für die eigenen Grenzen verloren und damit systematisch ihren gesunden Selbstschutz unterhöhlt. Zur Kompensation war ihre körpereigene Abwehr
in ständiger Alarmbereitschaft – und brach sich schließlich
in unkontrollierten Panikattacken Bahn, um den gewaltigen
Überschuss an Stress abzubauen. Frei flottierende, also
scheinbar unbegründete Angst ist ein Zeichen von schwa-
chen Ich-Grenzen. Sich selbst die Erlaubnis zu geben, *Nein*
zu sagen und die eigenen Bedürfnisse konsequent zu achten,
ist darum eine grundlegende Bedingung zur Heilung von
Angststörungen.

**Wo wir uns der Außenwelt grenzenlos ausgeliefert füh-
len, neigen wir dazu, unser Innerstes zu leugnen, um es zu
schützen. Damit erreichen wir jedoch das Gegenteil: Wo wir
in uns selbst nicht präsent sind, können andere ungefragt**

eindringen. **Nur so laufen wir Gefahr, verletzt zu werden. Offen eingestandener Ärger oder Wut holen uns dagegen zurück in unsere – auch körperliche – Gegenwart und damit zu uns selbst.** Evas symbolischer Wutausbruch gegenüber der Mutter hat endlich gesunde Grenzen um ihre persönliche Sphäre errichtet. Erst mit dieser Umgrenzung ist sie imstande, in ihr inneres Zuhause einzukehren und die Gefühle zu spüren, die unter ihrer unterdrückten Wut verborgen waren. Dies zeigt sich in der nächsten Sequenz:

»Versetz dich jetzt mal in die Perspektive der Mutter«, schlage ich vor. »Spüre in die Krähe hinein und sage mir, was sie in ihrer peinlichen Lage nun am liebsten tun würde.«

»Sie schämt sich«, bemerkt Eva. »Am liebsten würde sie das Feld räumen und nach Hause gehen.«

Auch der Gegenfigur gestehen wir zu, ihrem Impuls zu folgen. »Probieren wir das aus: Lass sie ziehen. Wie fühlt sich die Mutter nun, in ihrem Zuhause angekommen?«

»Sie fühlt sich einsam. Traurig und einsam.«

Durch die Restauration ihrer Grenzen ist Eva bei sich selbst angekommen und kann nun über den Spiegel der Mutter fühlen, was gefühlt werden muss, um ihrer emotionalen Wahrheit gerecht zu werden – repräsentiert die Figur der Mutter doch einen verdrängten Anteil ihrer selbst. Sind wir erst einmal bei unserem verborgenen, durch allerhand Manöver in Schach gehaltenen Kerngefühl angelangt und erlauben uns, es bewusst zu spüren, so lichtet sich die Energie, und das Gefühl verwandelt sich. Darum interessiert mich nun, wie die bewusste Verbindung der Figur der Mutter mit ihrem Gefühl der Einsamkeit die Dynamik zwischen Mutter und Tochter verändert hat.

»Wenn du als Tochter nun zum Haus deiner Mutter gehst und bei ihr anklopfst – wie reagiert deine Mutter? Öffnet sie dir? Heißt sie dich willkommen?«

Evas Imagination überschlägt sich. Bevor ich noch weiter

in diese Richtung fragen kann, schildert sie mir, dass die Mutter sie in ihre Arme geschlossen hat, kaum, dass sie in der Tür stand. Wie ergreifend die Szene ist, kann ich durchs Telefon spüren. Eva weint vor Erlösung über das ungewohnte Gefühl des Angenommenseins – so lange hat sie die liebevolle Zuwendung der Mutter entbehren müssen. Ich lasse sie die mütterliche Umarmung eine Weile auskosten, um ihr Gefühl der Geborgenheit und Liebe zu stabilisieren, und unterstreiche die emotionale Verwandlung in ihrem Bewusstsein durch eine verbale Formel: *Ich weiß, wie es sich anfühlt, von meiner Mutter bedingungslos angenommen und geliebt zu sein.*

Der wesentliche Teil der Transformation ist mit dieser Szene besiegelt. Im Prinzip könnten wir die Session an dieser Stelle beschließen. Ein Detail aber fehlt für mein Gefühl noch. Die Ausgangskonstellation hatte ja in einer permanenten, kritischen Vereinnahmung durch die Mutter bestanden. Darum möchte ich nun durch eine Veränderung der räumlichen Distanz erfahren, wie weitgehend oder tiefgreifend sich diese Bindung mit der liebevollen Wiederannäherung tatsächlich verändert hat. Ist die Tochter jetzt freier der Mutter gegenüber?

»Nun stell dir vor, du verlässt das Haus der Mutter und gehst wieder deiner eigenen Wege«, sage ich zu Eva, um das herauszufinden. »Wie fühlt sich das an?«

»Hm«, sagt Eva nach einer Weile. Ich habe das Gefühl, als könnte ich nicht wirklich weit vom Haus der Mutter fortgehen. Mir ist, als zöge sie mich an einem Gummiband an meinem Rücken zu sich zurück, wenn ich mich zu weit entferne.«

Diesem Makel lässt sich vermutlich leicht abhelfen, nun, da sich die Energie durch das bisher Geschehene in ihrem Kern bereits verändert hat.

»Was bräuchte die Mutter für ein Gefühl, um dich leichten Herzens gehen zu lassen?«, frage ich Eva. »Was fehlt ihr noch?«

»Wahrscheinlich das Vertrauen, dass ich wiederkomme. Und dass ich sie auch lieb habe, wenn ich nicht physisch bei ihr bin.«

»Also ein Gefühl der echten Verbundenheit, einer Verbundenheit, die von Liebe und Vertrauen getragen ist und nicht geprägt ist von Zweifel und Bedürftigkeit.«

»Ja, genau.«

»Würdest du deiner Mutter dieses Gefühl zugestehen? Kann sie darauf zählen, geliebt und auf ganz natürliche Weise mit der Erfüllung ihrer Bedürfnisse verbunden zu sein?«

Ich formuliere es ganz bewusst so, dass das Wohlgefühl der Mutter nicht von Evas Zuneigung abhängt, denn das hielte beide in der Abhängigkeit. Durch die Expansion ins Quellbewusstsein können wir Gefühle der Liebe, Verbundenheit und Wertschätzung aus uns selbst heraus schöpfen und unser Zellbewusstsein darauf programmieren.

Eva *erlaubt* ihrer Mutter diese Gefühle, und so lasse ich sie innerhalb des Bildes beobachten, wie die Figur der Mutter davon durchströmt wird. Diese symbolische Vorstellung genügt, um die Rezeptoren in ihrem Zellbewusstsein auf Empfang zu stellen und sich mit den entsprechenden Gefühlsenergien zu verbinden. Als Coach *bezeuge* ich – anhand der Figuren oder auch rein sensitiv – gemeinsam mit meiner Klientin den Energiestrom durch ihr Bewusstsein, für den sie sich kraft ihrer Intention öffnet. Genauer gesagt öffnet sie ihr Bewusstsein für ein Energiefeld, von dem sie ohnehin stets umgeben und durchströmt ist. **Es geht also bei diesem Vorgang nicht um einen Energietransfer von hier nach dort, sondern lediglich um eine Bewusstseinserweiterung, um eine gezielte Wahrnehmung von Kräften aus eigener Quelle, die uns aufgrund unseres eingeschränkten Selbstgefühls bis dahin nicht zugänglich waren.** Niemals *schicke* ich meiner Klientin Energie, wie dies bei vielen spirituellen Heilmethoden suggeriert wird! Diesen Unterschied im Verständnis kann ich gar nicht deutlich genug betonen. Es fühlt sich für den Klienten fulminant anders an, ob er sich von den Kräften eines Heilers abhängig wähnt, der ihn mit Energien aus »höheren Sphären« versorgt, oder ob er sich im Prozess der Selbsterkenntnis darüber gewahr wird, dass er alles, was er braucht, selbst in sich trägt und es einfach nur gilt, sich dieser inneren Quelle zu öffnen.

Meine Rolle als Coach ist es, meine Klienten Schritt für Schritt zu dieser Erkenntnis zu führen – nicht mehr und nicht weniger. Diese Zurückhaltung schützt uns beide auch davor, den Prozess zu sehr über das Ego zu steuern. Wenn die Session gelingt, konnte ich den Klienten durch meine vom Quellbewusstsein geführte Moderation in die Lage versetzen, seine Selbstheilungskräfte zu aktivieren. Tritt dagegen keine spürbare Veränderung ein, bin ich deswegen keine schlechte Heilerin, denn mit der eigentlichen Heilung habe ich persönlich überhaupt nichts zu tun. Ich begleite den anderen einfach nur in seinem Prozess. Sich dies bewusst zu machen, ist sehr befreiend. Natürlich hängt es auch zu einem guten Teil von der Qualität meiner Begleitung ab, inwiefern ein Prozess gelingt. Aber ich bin nicht verantwortlich für die Heilung des anderen. Ich belasse den Willen und die Macht zur Veränderung bei jedem selbst.

Nachdem Eva der Mutter also innerhalb des Szenarios erlaubt hat, Liebe, Verbundenheit und Wertschätzung zu fühlen, soll sie erneut nachspüren, wie sich die Dynamik zwischen beiden verändert hat. »Nun geh noch einmal los, weg vom Haus der Mutter, hinein in dein eigenes, ganz privates Leben«, fordere ich sie auf. »Wie fühlt sich das jetzt an?«

Eva sieht vor ihrem inneren Auge, wie sie sich im Hüpfschritt von der Mutter entfernt – und spürt plötzlich eine

grenzenlose Freiheit!« »Wow, ich könnte gerade Bäume aus-
reißen! Ein riesig gutes Gefühl!«

Sie klingt wirklich ganz verändert. Ihre Stimme ist voller
und scheint von tiefer herzukommen als zu Beginn der Session. Ihr gesamter Bauchraum hat sich entspannt.

»Was macht eigentlich der Wurm? Gibt es den noch?«

»Der ist vertrocknet!«, lacht Eva. »Der hat das Zeitliche
gesegnet.«

Den Wurm brauchen wir nicht mehr. Nun fühlt sich alles
rund und stimmig an.

Im realen Leben hat die Mutter kurz darauf einige anerkennende Worte gegenüber ihrer Tochter geäußert – was
wohl seit Jahren nicht mehr geschehen war – und sich ganz
gerührt für ein Ostergesteck bedankt, das sie ihr gebastelt
hatte. Evas Panikattacken ließen deutlich nach. Da ihre Problematik sehr komplex war, brauchten wir weitere Sessions,
um ihr Lebensgefühl zu verändern. Aber mit jeder Sitzung
kamen wir deutlich spürbar voran, und jedes Mal wirkte
sich die Arbeit nachdrücklich positiv auf Evas Interaktion
mit ihrer Umwelt aus.

3. Beispiel: Angelika

»Angelika« (47) fällt es schwer, Freude zu empfinden und
ihr Leben zu genießen. »Eigentlich müsste ich dankbar
sein«, sagt sie. Ich habe zwei gelungene Kinder, die gut in
der Schule sind, und mein Mann ist sehr liebevoll und unterstützend, was viele meiner Freundinnen nicht von ihren
Männern behaupten können. Auch in meinem alten Beruf
als Physiotherapeutin habe ich nach langer Pause wieder
Fuß gefasst. Aber ich finde immer einen Grund, warum ich
mich schlecht fühle und das, was ich habe, nicht wirklich
wertschätzen kann. Irgendwie gibt es da einen riesengroßen
Spaßverderber in mir.«

Das Bild, das ich im Theta-Zustand channele, zeigt Angelika nackt in einem großen Käfig in einem Kellergewölbe. Zwischen den Gitterstäben, die durch Querstreben zusammengehalten werden, stecken lauter abgenagte Knochen. Das erinnert mich an die Stelle in Grimms Märchen *Hänsel und Gretel*, als Hänsel statt seines Fingers einen Knochen durch den Käfig steckt, um der Hexe zu demonstrieren, wie mager er ist, damit sie ihn nicht verspeisen möge. Angelika, eigentlich von eher üppiger Gestalt, erscheint in meinem Bild als sehr dünn, mit weißer Haut. Sie hockt barfuß auf dem kalten Betonboden. Jenseits des Käfigs kauert ein Monster, das sie bewacht und dabei nicht aus den Augen lässt. Es sorgt offensichtlich dafür, dass Angelika nicht versucht, es sich gut gehen zu lassen.

»Als ob das ginge, in dem Käfig!«, schmunzelt sie. Mit der geschilderten Konstellation fühlt sie sich sofort vertraut.

Das Monster sperrt sein riesiges Maul auf, sodass seine Reißzähne zu sehen sind, und gibt ein dumpfes, dröhnendes Gebrüll von sich. Der Begriff *roaring dragon – brüllender Drache –* kommt mir in den Sinn. Seine verhornte Reptilienhaut ist blau und rot, und er hat große, runde Augen. Ich fordere Angelika auf, sich die Augen des Monsters genau anzusehen, denn mich interessiert sein Wesen in der Tiefe, jenseits seiner furchterregenden Gebärden. »Welcher Ausdruck liegt in seinen Augen?«

»Interessanterweise hört es auf zu brüllen, während ich ihm in die Augen schaue«, bemerkt Angelika. »Es schaut stumm zurück, ein wenig verwundert und misstrauisch, ja irgendwie besorgt. Seine Augen sind ganz wässrig. Ich habe fast Mitleid mit ihm. Jetzt leckt es sich das Maul wie ein Hund, schluckt und schaut betroffen.«

»Was würde passieren, wenn du durch die Gitterstäbe hindurch deine Hand nach ihm ausstrecken würdest?«, frage ich.

»Da weicht es erschrocken zurück, grollt und, als würde

es sich auf seine schreckliche Rolle besinnen, brüllt es wieder wie ein feuerspeiender Drache, schlimmer noch als zuvor. Sein Atem schmettert mich durch die Luft gegen die Wand, an der ich langsam runtergleite wie in einem Cartoon. Ich bin total verkohlt – meine Haut hängt in Fetzen an mir runter.«

Ich schweige und lasse Angelika zuschauen, wie sich das Bild in ihrem Innern weiter entwickelt.

»Das scheint dem Monster noch immer nicht zu genügen«, fährt sie fort. »Wütend läuft es vor meinem Käfig auf und ab, brüllt und schnaubt.«

Nun interessiert mich aber doch, wie es Angelika dabei ergeht.

»Ich zittere«, beschreibt sie ihr Alter Ego im Käfig – und schon ist sie mit ihrer Aufmerksamkeit wieder beim Monster.

»Offenbar ist es nicht an einer freundschaftlichen Verbindung interessiert«, überlegt sie. »Wobei ich das Gefühl habe, dass es Angst hat.«

»Wovor?«

»Ich weiß nicht.«

»Wenn du wüsstest, wovor es Angst hat, was wäre das?«

Die konjunktivische Formulierung meiner Frage *(Was wäre, wenn?)* erlaubt meiner Klientin, einer konkreten Vorstellung nachzuspüren, ohne sich darauf festlegen zu müssen und dabei Gefahr zu laufen, etwas »Falsches« zu antworten. Es ist ein guter Trick, um den Prozess auch dann am Laufen zu halten, wenn die als Unentschlossenheit maskierte Angst diesen Prozess zum Erliegen bringen will. Denn natürlich verkörpert sich in der Angst des Monsters Angelikas eigene Angst – wovor, finden wir nun heraus.

»Wahrscheinlich hat es Angst, verletzt zu werden«, antwortet Angelika schließlich.

»Durch was könnte es denn verletzt werden?«

»Wenn es sich mir öffnet, ich es aber gar nicht ernst meine.«

»Meinst du es denn nicht ernst?«

»Na ja, ich hatte Mitleid mit ihm. Von Freundschaft war ja noch keine Rede.«

»Wie fühlt sich das für das Monster an, wenn du Mitleid mit ihm hast?«

»Das will es nicht – es will mein Mitleid nicht haben. Dafür ist es zu stolz.«

Nun könnten wir noch weiter in der Gefühlslage des Monsters herumbohren, bis wir zu dessen Kerngefühl gelangen. **Grundsätzlich interessiert mich die Energie des Antagonisten, also des Konfliktpartners oder Widersachers, in einem *Symboling* stärker als die Energie des Protagonisten, in der Opferrolle, mit der die Klientin sich bewusst identifiziert – denn der Antagonist verkörpert einen verdrängten Teil der eigenen Persönlichkeit und ist damit der eigentliche Schlüssel zur Lösung des Konflikts. Allerdings ist es sehr erhellend, hin und wieder die Perspektive oder den Fokus zu wechseln, um die Psychodynamik zwischen den Figuren stärker herauszuarbeiten.** Da sich hier bei Angelikas Versuch, auf den Grund der Seele des Monsters zu blicken, ein erster Widerstand seitens des Monsters gezeigt hat, halte ich den Zeitpunkt für einen Perspektivenwechsel für günstig. Bevor wir uns für den schwierigen Weg entscheiden, probieren wir es zunächst mit dem, der einfacher erscheint.

»Wie geht es dir in dieser Konstellation, Angelika? Immerhin wirst du in dem Käfig überwacht und ausgehungert, und nun ist auch noch deine Haut verbrannt. Wie fühlst du dich unter diesen Qualen?«

»Keine Ahnung. Ich kann mich gar nicht recht auf meine Gefühle besinnen. Ich muss ja immerzu das Monster im Auge behalten!«

»Warum?«

»Damit es mir nichts tut!«

»Kannst du es denn tatsächlich kontrollieren? Eben hat es dich an die Wand gespien mit seinem Feueratem.«

»Ich denke, zumindest ein bisschen kann ich es in Schach halten, indem ich es mit den Augen festhalte und mit meinen Blicken verfolge.«

»Würdest du dich trauen, ihm einmal kurz den Rücken zuzukehren? Nur probehalber?«

»Oh – puh!«

»Versuch es mal.«

»Okay ...«

»Hast du ...?«

»Brrr!« Angelika schüttelt sich. »Mir sitzt ein richtiger Schauder im Nacken. Was für ein unheimliches Gefühl!«

»Hast du das Gefühl, das Monster kommt dir näher, während du von ihm abgekehrt bist?«

»Nein, noch nicht. Es ist eher ruhiger geworden. Als wäre es überrascht. Es wundert sich. Ist gespannt, was als Nächstes passiert.«

»Wie fühlst du dich mit diesem Wissen, während du ihm weiterhin den Rücken zugewandt hast? Kannst du deinen Körper im Käfig wahrnehmen?«

»Mein Nacken ist angespannt. Eigentlich ist mein ganzer Körper gespannt. Mir schaudert immer noch.«

»Stehst du oder sitzt du im Käfig?«

»Ich stehe.«

»Was passiert, wenn du dich mal hinsetzt?«

»Auf den kalten Steinboden? Igitt!«

»Versuch es trotzdem mal.«

»Schwierig. Ich kann mich allenfalls hinknien, wie in ein Startloch beim Wettlaufen, die Handflächen auf den Boden gestützt, einen Fuß aufgestellt, ein Knie am Boden.«

»Könntest du denn nach vorne weglaufen, im Zweifelsfalle? Da ist doch die Wand!«

»Stimmt.«

»Könntest du irgendwo hinlaufen, außer im Käfig umher?«

»An die Decke könnte ich sprinten, wie Spiderwoman.«

»Mach das mal. Wie ist das, kopfüber an der Decke zu haften?«

»Fühlt sich gut an. Erweitert die Möglichkeiten.«

»Aber nur innerhalb des Käfigs. Würde es dir im Zweifelsfalle nützen, wenn das Monster dich verschlingen wollte?«

»Vermutlich nicht.«

»Schiel doch mal über deine Schulter zu ihm hin. Was tut es gerade?«

»Es leckt sich die Pfoten wie eine Katze. Zwischendurch schaut es zu mir rüber, aber total unaufgeregt.«

»Das heißt, das Monster hat sich entspannt, während du es aus deinem Blick entlassen hast?«

»Ja.«

»Dann hatte es vielleicht vor dir Angst?«

»Nein, es sollte mich nur bewachen. Und es kann mich besser im Auge behalten, wenn ich nicht hinschaue, sondern mit mir selbst beschäftigt bin.«

»Aha?«

»Ich leiste dann keinen Widerstand. Wenn ich es meinerseits anschaue, bedeutet das ja eine Konfrontation.«

»Allerdings bist du im Käfig eingesperrt. Selbst wenn du das Monster angreifen wolltest, wärest du machtlos – nackt und angekohlt, wie du bist. Oder nicht?«

»Meine Blicke können es angreifen.«

»Was genau könnten deine Blicke denn ausrichten?«

»Es durchschauen.«

»Was würdest du sehen, wenn du das Monster durchschauen würdest?«

»Seine Hilflosigkeit. Dass es gar nicht so furchtbar ist, wie es scheint. Dass es eigentlich total harmlos ist.«

»Kannst du fühlen, dass es so ist?«

»Ja.«

»Kannst du es jetzt auch fühlen, wenn es sich vor dir wie ein Monster gebärdet und dich anbrüllt?«

»Ja. Ich sehe mich selbst, wie ich ganz ruhig bleibe, meinen Blick auf sein Innerstes gerichtet. Da ist es ganz wund und rot.«

»Wenn du jetzt die Augen schließt, während das Monster furchtbar brüllt, kannst du dann immer noch das Wunde und Rote fühlen in ihm? Wie fühlt sich das an, wund und rot zu sein?«

Angelika beginnt zu weinen.

»Wo im Körper ist es wund?«

Während ihr die Tränen herunterlaufen und sich ihr Gesicht schmerzhaft zusammenzieht, zeigt sie auf ihre Kehle und die Region rund um den Solarplexus. Dann fasst sie sich mit der flachen Hand an die Brust.

»In der Brust? Im Herzen?«

Sie nickt und schluchzt. Ich lasse sie für einen Moment in Ruhe, damit ihre Tränen ungehindert fließen können.

»Was genau tut dir im Herzen weh?«, frage ich dann.

»Nicht geliebt zu sein. Ich muss immer erst ein furchtbares Theater veranstalten, um beachtet und gemocht zu werden. Jedenfalls kenne ich es nicht anders.«

Wieder gewähre ich ihr durch mein mitfühlendes Schweigen Raum. Ich kann ihren Schmerz deutlich in mir selbst fühlen – neben ihren Tränen ein Zeichen, dass Angelika zu ihrem Kerngefühl gelangt ist. **Der Kontakt zu unserem Innersten hat stets den Effekt, dass wir auch andere berühren. Die bewusste Verbindung mit diesem Gefühl, die ich mit meiner teilnehmenden Anwesenheit bezeuge, ist der wichtigste Moment in dem Prozess. Das angestaute Gefühl kommt durch die Berührung mit sich selbst in Fluss. Die** Tränen spülen den energetischen Ballast aus dem Zellbewusstsein. Ihre Traurigkeit hilft Angelika, ihre angestauten Emotionen loszulassen und ihre Energien zu erneuern. Nach ein, zwei Minuten lässt das Schluchzen nach. Angelika wird still.

»Wie fühlst du dich jetzt?«, frage ich sie.

»Besser. Nicht mehr so angespannt. Aber immer noch traurig. Da ist so ein Druck.« Angelika berührt ihre Schlüsselbeine. »So eine Schwere in der Brust.«

»Wie hat sich das Bild inzwischen verändert? Was macht das Monster?«

»Es hat sein Kostüm abgelegt. Ich selbst habe da drin gesteckt.« Sie lacht auf. »Witzigerweise trage ich als Monster jetzt das Kostüm von Spiderwoman, blau und rot. Das Monster, wie du es geschildert hast, war doch auch blau und rot, oder? Aber die Farben sind jetzt viel leuchtender und schöner. Und ich bin ganz schlank. Richtig geschmeidig!« Wieder lacht sie.

»Das Monster hat sich also als du selbst entpuppt und in sexy Spiderwoman verwandelt?«

»Genial, oder?«

Wir lachen beide.

»Gleichzeitig bin ich auch noch die andere Gestalt im Käfig. Ich bin immer noch nackt, sehe aber nicht mehr verkohlt aus. Ich habe wieder ganz normale, heile Haut. Spiderwoman und ich reichen einander durch das Gitter die Hände.«

»Wozu braucht ihr das Gitter noch?«

»Wir brauchen es nicht. Die Nackte schiebt es gerade beiseite wie ein Ladengitter. Wir umarmen uns. – Seltsam. Da bin zwei Mal ich selbst, die sich umarmt.«

»Wie fühlt sich das an?«

Angelika seufzt laut und atmet tief durch. »Gut!«

Diese erste gelungene Transformation ist ein guter Zeitpunkt, um ihr neues Selbstgefühl durch zusätzliche Suggestionen zu stärken und die Verwandlung auch in Angelikas bewusstem Erleben zu verankern. Darum setze ich an dieser Stelle einige verbale Programme in ihr Zellbewusstsein. Momentan ist sie dafür optimal aufnahmebereit. Laut spreche ich die Worte aus, die sich mir für Angelika aus dem Quellbewusstsein offenbaren, und spüre bei jedem Satz nach, ob er auch gut bei ihr landet. Da wir im Theta-Zustand über ein einziges Energiefeld miteinander verbunden sind, kann ich ihre jeweilige Reaktion in meinem eigenen System spüren.

Ich weiß, wie es sich anfühlt, mich zu mir selbst zu bekennen und für mich selbst einzustehen. Ich weiß, wie es sich anfühlt, behutsam und fürsorglich mit mir selbst umzugehen. Ich weiß, wie es sich anfühlt, mein Innerstes zu offenbaren, ohne verletzt zu werden. Ich weiß, wie es sich anfühlt, mir selbst eine gute Freundin und Beschützerin zu sein. Ich weiß, wie es sich anfühlt, meine Sensibilität als meine besondere Stärke zu sehen. Ich weiß, wie es sich anfühlt, mich selbst bedingungslos anzunehmen und zu lieben.

An dieser Stelle bekomme ich Herzklopfen. Ich öffne die Augen, um Angelikas Reaktion zu beobachten. Eine steile Falte erscheint auf ihrer Stirn – dann entspannt sie sich. Angelika lächelt.

»Ja«, sagt sie leise. »Ich sehe, wie zwischen unseren Herzen leuchtend rotes Licht zirkuliert, zwischen der Nackten und Spiderwoman.«

»Schön. Wer ist die Stärkere von beiden?«

»Auf den ersten Blick natürlich Spiderwoman. Sie wirkt tougher, fitter, geschmeidiger, ästhetischer. Aber irgendwie sind beide Frauen stark. Es ist mutig von der Nackten, nackt zu sein. Keinen äußeren Schutz zu tragen. Man sieht alles an ihr, jeden Fleck, jede Gänsehaut, jede Muskelanspannung. Man sieht sogar ihre Adern durch die Haut. Sie ist ganz dünn und zart. Aber sie braucht Spiderwoman. Ohne sie wäre sie viel zu verletzlich.«

»Was wäre, wenn die Nackte einfach in das Kostüm von Spiderwoman schlüpfen würde?«

»Seltsam, kaum hast du das vorgeschlagen, gibt es plötzlich Spiderwoman in Reinform nicht mehr. Ich sehe jetzt nur noch die Nackte mit ihrem feinnervigen Pulsieren unter der dünnen Haut, und ich sehe sie im Kostüm von Spiderwoman. Ihre Empfindsamkeit bleibt gewahrt, gleichzeitig ist sie aber durch das Kostüm geschützt.«

»Sie ist jetzt allein im Raum?«

»Ja. Und ich sehe, wie sie das Monsterkostüm einfach in der Ecke liegen lässt und beschwingt in die Welt hinaustritt. Das Monsterkostüm war nur eine aufgeblähte, verhornte Variante des Spiderwoman-Kostüms.«

»Wie sieht die Welt aus, die sie betritt?«

»Oh, schön bunt, wie eine amerikanische Großstadt. Sie läuft leichtfüßig und federnd durch die Straßen, die Leute lächeln ihr zu, es gibt keine Bedrohung weit und breit. Ha, und sie kann zu ihrem Vergnügen an den Fassaden der Hochhäuser herumklettern – schließlich ist sie Spiderwoman!«

»Wie fühlt sich die Nackte unter dem Kostüm?«

»Die fühlt sich wohl. Sie spürt alles sehr genau. Durch die Spider-Haut kann sie aber filtern, was sie spüren will und was nicht.«

»Will sie in der Stadt etwas Bestimmtes?«

»O nein, sie ist ja geliebt. Sie sucht nichts. Sie hat sich selbst. Und aus diesem Gefühl heraus kann sie neugierig die Welt erkunden und sich daran freuen.«

Damit ist die Session rund. Beide Wesen, das Monster und seine Gefangene, haben verschiedene Aspekte aus Angelikas Persönlichkeit verkörpert. Wie wir gesehen haben, genügte es, in eines der Wesen tiefer hineinzuspüren, um Angelikas Kerngefühl aufzuschließen und in Fluss zu bringen. Ich wähle dafür vorzugsweise den aggressiveren der beiden Kontrahenten, den augenscheinlichen Bösewicht. Unter der

Hornschicht des Monsters, das die eigenen Bedürfnisse für so gefährlich einstufte, dass es sie in einem Käfig unter Verschluss hielt und argwöhnisch bewachte, verbarg sich das Gefühl, nicht liebenswert zu sein, wenn die ungeschminkte Wahrheit, nämlich seine Verletzbarkeit, zum Vorschein käme. Diese Verletzbarkeit offenbarte sich bereits in seinen wässrigen Kulleraugen und war, und zwar viel offensichtlicher, spiegelbildlich auch in der ungeschützten Nacktheit und Dünnhäutigkeit der anderen Figur verkörpert. Das Kostüm der Spiderwoman symbolisierte schließlich eine magische und gewissermaßen atmungsaktive Form des Selbstschutzes, durchlässig genug, um mit sich und der Welt in Kontakt zu sein, statt mit seiner Panzerung nicht nur andere, sondern letztlich auch sich selbst auszugrenzen. Erst die Verbundenheit mit uns selbst versetzt uns in die Lage, uns von anderen inspirieren und berühren zu lassen, um unsere persönlichen Grenzen zu transzendieren und zu wachsen.

4. Beispiel: Gesa

»Gesa« (32) ist eine absolute Perfektionistin und leidet unter massiven Versagensängsten, die ihr nachts den Schlaf rauben. Aus lauter Furcht vor dem Scheitern sabotiert sie sich selbst und schiebt das zweite Staatsexamen für ihr Jura-Studium seit Jahren vor sich her, indem sie sich in zig Aktivitäten gleichzeitig stürzt. Dabei war sie immer eine sehr gute Schülerin und Studentin gewesen und hatte schon als Jugendliche davon geträumt, Richterin zu werden.

Das Bild, das ich dazu im Theta-Zustand erhalte, zeigt Gesa in einem engen Kabuff, einer Art Besenkammer mit vielen Türen. Tag für Tag geht eine Tür zu. Tag für Tag schieben sich die Wände enger zusammen. Zugleich winden sich Wendeltreppen nach oben und unten aus der Kammer heraus. Die Treppe nach oben führt durch die Wolken ins Nichts. Die Treppe nach unten führt in dichten, dunklen, glucksenden Morast. Gesa sitzt auf einer Stufe in der Kammer und schaut unschlüssig zwischen dem Weg nach oben und dem Weg nach unten hin und her.

Indem ich sie frage, ob sie sich vorstellen kann, in dieser Kammer zu hocken, lade ich Gesa in dieses Bild ein. »Wie fühlt sich das an, auf dieser Wendeltreppe zu sitzen? Versuche, dieses Gefühl in deinem Körper zu spüren.«

Gesa braucht eine Weile, um sich zu sammeln und sich selbst gefühlsmäßig in der Szenerie zu verorten, doch schließlich gelingt es. »Die Treppe beginnt im Wind zu wanken und wird immer brüchiger«, berichtet sie. »Ich klammere mich panisch daran fest.« Ich öffne kurz die Augen – um den Theta-Zustand zu halten, arbeiten wir während einer *ThetaFloating*-Session in der Regel mit geschlossenen Augen – und beobachte, wie Gesa ihre Hände im Schoß ineinanderkrallt. Ihr ganzer Körper sieht gespannt aus.

»Gibt es keinen Ausweg?«

»Ich könnte versuchen, bevor die Treppe ganz zusammenbricht, noch schnell hochzuklettern«, sagt Gesa.

»Wo würdest du dann ankommen?«

»Irgendwo in den Wolken. Ich könnte mich auf einer weißen, flauschigen Wolke in Sicherheit wiegen.«

Doch diese »Weltflucht« gestatte ich Gesa nicht. Ihre eigentliche Angst gilt dem Sturz in die Abwärtsspirale und weist entlang der Wendeltreppe nach unten. Eine bewährte *Symboling*-Strategie bei der Angstbewältigung, etwa bei der Furcht, ins Bodenlose abzustürzen oder allgemein bei Versagensängsten, ist die hypothetische Eskalation. Indem wir unsere schlimmste Befürchtung auf der symbolischen Handlungsebene nachvollziehen, nehmen wir der Angst den Wind aus den Segeln und erhalten somit Gelegenheit, die negativen Gefühle auszuloten, die darunter verborgen sind und die uns unbewusst auf unserem Erfolgsweg blockieren.

»Geh mal davon aus, dass es zu spät ist, um noch nach

oben zu klettern«, entgegne ich Gesa also. »Stell dir vor, im nächsten Moment bricht die Treppe zusammen und du rauschst im freien Fall in die Tiefe. Wie fühlt sich das an?« Gesa zögert.

»Stell es dir einfach nur vor. Denk dran, wir bewegen uns hier im Reich der Fantasie, dir kann nicht wirklich etwas zustoßen. Wir wollen nur deine Gefühle kennenlernen, die mit der drohenden Abwärtsspirale in deinem Leben verbunden sind.«

Gesa probiert es tapfer. »Es fühlt sich an, als würde ich mit dem Fahrstuhl in rasender Geschwindigkeit abwärtsfahren. Mir wird ganz komisch. So weich und zittrig überall. Ich fühle es jetzt nicht ganz so extrem in meinem physischen Körper, aber in dem Bild sitzt der Schreck mir in allen Gliedern. – Ich weiß irgendwie, dass ich alles verloren habe.«

Ich lasse Gesa eine Weile diesen Eindrücken nachspüren, ohne mich einzumischen. Schließlich fährt sie fort: »Das ist ganz seltsam – es ist, als ob ich an lauter Märchenszenen vorbeifalle, so, als würde rings um mich herum ein Film von meinem Leben ablaufen, in der Art, wie Leute vom Sterben berichten, die schon einmal klinisch tot waren und dann wieder aufgewacht sind. Nur erscheint dieser Film hier neben meinem physischen Ich, entlang der Schneise, in der die Treppe in sich zusammengefallen ist.«

»Du beobachtest dich sozusagen von außen beim Fallen und siehst neben deinem fallenden Körper den Film ablaufen?«

»Genau. All die Kostbarkeiten meines Lebens tauchen um mich her auf. Ich will danach greifen, finde aber keinen Halt. Der Film meines Lebens erscheint wie ein Relief: Das Gute ist stark und farbig ausgedrückt, das Schmerzhafte fahl und eingedrückt. Es wirkt sehr plastisch.«

»Wie geht es dir damit, dein Leben an dir vorbeirauschen

zu sehen – oder eher: dich selbst an deinem Leben vorbeirauschen zu sehen? Welchen Ausdruck zeigt dein fallender Körper?«

»Ich sehe mich laut weinen und wehklagen. Jetzt stimmen auch die anderen Versionen meiner selbst in das Wehklagen ein und neigen sich zu mir hin. Sie greifen nach mir, versuchen, mich festzuhalten. Huch – und jetzt sind sie plötzlich hinter Gittern. Und ich sitze im Sumpf, der aber einen festen Boden hat. Es erscheint mir wie ein Kerker, grottenschwarz. Hinter dem Gitter hocken meine anderen, weinenden Ichs.«

»Wie fühlt sich das an? Wo spürst du deine Gefühle im Körper?«

»Ich spüre ein Engegefühl im Kehlchakra. Die Lymphen in meinem Hals scheinen anzuschwellen. Und mein Herzraum tut weh. So ein Gefühl, als würde ich von innen her zerrissen. Und neben meiner Beklommenheit mischt sich seltsamerweise auch so ein Trostgefühl darunter. Ich bin irgendwie erleichtert, dass ich bei diesem anstrengenden Treiben, das mein Leben bedeutet hat, nicht mehr mitmischen muss und es mir aus der Stille heraus anschauen kann. Der Morast ist warm und erdig. Ein bisschen wie Heilerde. Er gibt Kraft von unten heraus.«

Gesas Gefühl der Erleichterung ist typisch nach so einer Szene des freien Falls. Wenn das Sorgengebäude in unserem Geist bis in die Wolken aufgetürmt ist, kann es eine Wohltat sein, es einfach zum Einsturz zu bringen und alles radikal loszulassen, woran man eben noch so verzweifelt festgehalten hat.

»Gibt es ein Wesen unter den ganzen Varianten deiner selbst, das besonders deutlich hervortritt?«

»Ja, eine Gestalt sitzt ganz nah am Gitter und schaut mich unverwandt an.«

»Wie ist ihr Blick? Ihre Gestalt, ihre Körperhaltung?«

»Sie ist sehr traurig. Sie hat strähnige Haare und ist im Teenageralter, wirkt aber viel reifer. Sie schaut, als würde sie sagen: Ich weiß jetzt alles über dich. Es ist eine Mischung aus Vorwurf und Mitleid. Sie hat sehr große, dunkelbraune Augen, fast schwarz.«

»Wenn sie meint, alles über dich zu wissen, frag sie mal, was sie denn so alles weiß.«

»Sie antwortet: Sieh dich doch an! – Weiter nichts.«

»Und?«, greife ich die Forderung von Gesas Teenager-Selbst auf. »Sieh dich mal an. Was siehst du, wenn du aus ihrer Perspektive an dir herunterblickst?«

»Meine Hände sind voller Schlamm, meine Kleider schmutzig. Aber das ist nicht alles. Da drüben, hinter dem Gitter, die ganzen bunten, emsigen Gestalten, das bin doch auch alles ich!«

»Was sagt das Mädchen dazu?«, frage ich Gesa.

»Du bist du, sagt das Mädchen. Bilde dir ja nichts ein! Du bist nicht mehr als das, was du ganz offensichtlich bist.« Gesa schweigt eine Weile. »Es klingt wie eine Verdammnis.«

»Wie fühlt sich das an, so etwas von einer Teenager-Göre gesagt zu bekommen?«

»Komischerweise nicht schlimm«, meint Gesa, »weil ich das Gefühl habe, dass der Schlamm nichts über mich aussagt, jedenfalls nichts Negatives. Er nährt mich, es ist wie Mutterboden. Und es ist unglaublich entspannend, einfach nur so dazusitzen, ganz schlicht, im Dreck, und nichts Besonderes zu sein, nicht als etwas Bestimmtes erscheinen zu müssen wie all die anderen Gestalten. Einfach nur da zu sein.«

»Und jetzt, da dir dies bewusst wird und du diese Erkenntnis, diese Weisheit vom puren Sein ausstrahlst, wie reagiert das Teenager-Mädchen darauf?«

»Huch, sie wird plötzlich zum Skelett! Wie eine Fratze des Hungers, mit saugenden, tiefliegenden Augen. Bald darauf liegt sie nur da, ein lebloses Geripppe. All die anderen Erscheinungen gruppieren sich drum herum, kehren ihre Knochen zusammen und schaffen sie fort. Weiter hinten in der Szenerie errichten sie daraus ein Lagerfeuer und singen und klatschen und feiern ein fröhliches Fest.«

»Möchtest du dabei sein, während sie feiern? Dich unter sie mischen?«

»Nein, ich bin froh über meinen ruhigen, nährenden Grund, über die sanfte Dunkelheit und heilsame Stille. Nichts müssen. Nichts wollen, außer einfach da zu sein.« Gesa ist am Urgrund ihres Selbst jenseits aller Rollenerwartungen angekommen. Ich lasse sie diesen erleuchteten Zustand eine Weile bewusst auskosten und ihre Zellsubstanz sich mit dem nahrhaften Mutterboden vollsaugen. Ihrem gegenwärtigen Zustand gibt es nichts mehr hinzuzufügen.

Während ich mir das Schlussbild von Gesas Transformation vor Augen führe, sehe ich abwechselnd eine Bodhisattva-Statue und eine kniende Frau mit zerzausten dunkelblonden Haaren, aus deren Mitte eine Grünpflanze sprießt. Die Frau ist eins mit der Pflanze. Der Hauptstiel verläuft durch ihre Wirbelsäule, die Wurzeln wachsen aus der Vagina in die Erde, frische Blätterkeime sprießen aus ihrer Gebärmutter in den Himmel. Sinnbild einer natürlichen Spiritualität, die aus dem Mutterboden heraus gedeiht und sich auf dieser Basis mit dem geistigen Prinzip verbindet.

»Wie fühlst du dich jetzt?«, frage ich Gesa abschließend. »Ruhig. Wohl. Zentriert. So, als sei ein Stück falsche Eitelkeit in sich zusammengefallen. Ein heilsames Gefühl.«

Interessant an dieser Session ist, dass diese traurigen, geschundenen Archetypen, die unsere inneren Bilderwelten bevölkern, wie hier das Teenager-Mädchen mit der Hungerfratze, am entscheidenden Punkt der Transformation einfach in sich zerfallen. Sie müssen nicht getröstet und gepäppelt werden, wie ich es noch im Anfangsstadium von *ThetaFloating* gelehrt habe, denn sie entsprechen nicht dem wahren Selbst. Es sind nur Zerrbilder unserer Angst, nicht zu genügen. Oftmals reicht es, die Energie dieser Wesen bewusst wahrzunehmen und sich in das Gefühl, das von ihnen ausgeht, hineinzuspüren. Damit darf die Maskerade des Elends fallen, um ein essenzielleres Selbst darunter zum Vorschein zu bringen.

5. Beispiel: Berit

»Berit« (41) hat sich während eines Seminars in Zürich für eine Demo-Session gemeldet. Im Saal saßen mit meinem Team circa siebzig Leute. Die Sessions in den Seminaren verlaufen oftmals flotter als während einer privaten Audienz – da die Übungspartner den Ablauf beim *Symboling* bereits ein Stück weit gelernt haben, kann ich mit ihnen ohne Umschweife und einleitende Erklärungen direkt in den Prozess einsteigen. Eine Demo-Session dient dazu, den Teilnehmern die einzelnen Schritte und Strategien exemplarisch nahezubringen und ihnen zu zeigen, wie sie mit eventuell auftretenden Widerständen umgehen können. Darum richte ich zwischendurch immer wieder Erklärungen ans Publikum. Nachdem Berit mir gegenüber Platz genommen hat, frage ich sie nach dem Thema, an dem sie gerne arbeiten möchte.

B: Ich hatte Liebeskummer, ziemlich heftig, und zwar wegen eines Mannes, mit dem es richtig Wumm gemacht hatte. Es war irre von beiden Seiten, zuerst. Wuh, ich merke gerade, ich habe immer noch Liebeskummer.

E: Deswegen bist du ja hier.

B: Ich habe mir schon gedacht, dass es so enden würde. Ich kenne dieses Muster. Er hat sich mit der Zeit mehr und mehr zurückgezogen. Gesagt, er meldet sich, hat sich dann aber doch nicht gemeldet. Also habe ich mich halt gemeldet. Dieses Spielchen. Irgendwann habe ich aufgehört, mich zu melden, und auch er hat sich nicht mehr gemeldet. *[Fasst sich ans Herz]* Ich komme jetzt ziemlich schnell in meine Kernemotion.

E: Prima, dann dauert die Session nur zwei Minuten. *[Lachen im Publikum]*

B: Ein Muster, das ich kenne, mit meinen Eltern. Also, von meiner Seite der Wunsch nach Liebe und auch das Gebenwollen, und auf der anderen Seite des Vaters totale Zurückweisung oder Schweigen, Ignoranz, Mich-nicht-sehen-Wollen.

E: Seit wann ist eure Beziehung beendet?

B: Das letzte Mal war ein einzelnes Treffen, da hatte er keine Zeit, vor zwei Wochen.

E: Vor zwei Wochen?

B: Dann habe ich dein Buch gekauft. *[Sie lacht laut]* Das hat mir schon sehr geholfen, sodass ich dachte, ich muss jetzt nicht mehr weinen, aber …

E: Nach zwei Wochen? Da darf man noch Ozeane weinen! Die Trennung ist doch noch ganz frisch.

B: Aber ein altes Gefühl liegt darin, das beunruhigt mich so.

E: Deswegen zeigt es sich ja. Jetzt gucken wir mal, aus welcher Tiefe das hervorkommt. Sowohl der Klient, als auch der Coach legen die Hand auf den Bauch. Das lenkt die Aufmerksamkeit vom Kopf weg. Für den Coach, der nun aktiv in den Theta-Zustand geht, ist die Hand auf dem Bauch hilfreich, um selber mit in die Emotionen hineinzuspüren. Berit ist ja sowieso schon ganz nah dran an ihrem Kerngefühl.

B: Darf ich die Augen schon zumachen?

E: Genau, wir schließen beide die Augen. Ihr anderen könnt euch auch da mit reinfühlen. Wir alle kennen irgendwo in unserem Leben ein Gefühl von Zurückweisung, darum kann sich jeder auf seine Art da reinfühlen. Jetzt hat Berit mir natürlich schon Material geliefert, indem sie gesagt hat, das kennt sie von den Eltern her. Als Coach spüre ich im

Theta-Zustand darum erst mal kurz rein, ob es mich beim Kreieren der Symbolik eher zu dem Mann zieht, um den es aktuell geht, oder zieht es mich mehr zu den Eltern? Ihr habt verschiedene Möglichkeiten für den Einstieg. Was nehmt ihr jetzt, was greift ihr als Erstes auf? *[Stille]* Ich warte jetzt auf ein Bild. *[Stille]*

B: Darf ich noch was sagen?

E: Klar.

B: Jetzt, da ich selbst auch auf ein Bild gewartet habe, sieht der Typ einfach meinem Vater wahnsinnig ähnlich.

E: Sehr interessant, das freut jeden Psychologen. *[Lachen im Publikum]* In dem Moment, da mein Bild kam, spürte ich als Behandlerin übrigens die gleiche Emotion, die in Berit eben hochkam. Daran merke ich, dass das Bild authentisch ist, weil es mich mit ihrem Gefühl verbindet, und zwar recht stark – ich muss fast mitweinen. Hier ist das Bild: Ich sehe Berit als kleines Mädchen freudig auf die Eltern zurennen, auf den Vater insbesondere, und gegen eine Glastür knallen, gegen eine Scheibe, hinter der er sich befindet, und das immer wieder aufs Neue, in einer fortwährenden Wiederholungsschleife. Die Kleine ist wie ein Insekt, das gegen die Fensterscheibe prallt, wenn es nach draußen in die Freiheit will. Uff, das ist heftig! Ihr hört an meiner Stimme, dass mir das Gefühl der Kleinen im Bild selbst die Kehle zuschnürt. Wir sind also mittendrin, im Kerngefühl, ohne das jetzt konkret zu benennen und mit einem Etikett versehen zu müssen. Was mich jetzt aber interessiert, ist die Frage, warum der Vater nicht bereit oder imstande ist, seiner Tochter die Liebe zu geben, nach der sie natürlicherweise verlangt. Was geht eigentlich in dem Mann vor, der sich nicht freut, wenn seine kleine Tochter quicklebendig auf ihn zurennt, wie das ein integrer Vater tun würde? Warum ist seine Tür zugegangen, sodass er keinen direkten Zugang zu seiner Tochter findet? Warum kann er sie nicht in die Arme nehmen? Berit, durch die Scheibe in der Tür kannst du deinen Vater sehen. Uns interessiert seine Perspektive.

B: Okay, ich schlüpfe in ihn rein. Die Scheibe verzerrt seine Sicht, er sieht gar nicht mich. Er sieht seine Mutter und Frauen an sich.

E: Das heißt, hier haben wir eine ganz klare Botschaft in dem Bild. Der Vater hat ein Problem mit seiner eigenen Mutter. Hier war auch eine Tür zu, vermutlich. Er kann gar nicht seine Tochter als Tochter wahrnehmen, weil er so in seinem Konflikt mit den Frauen gefangen ist.

B: Darf ich was sagen?

E: Unbedingt.

B: Diese seine Tür hat er zugemacht, weil seine Mutter ihn sonst auffressen wird.

E: Oha, okay.

B: Er muss die Tür zuhalten.

E: Jetzt haben wir also noch eine weitere Figur im Bild, den Vater und dessen Mutter, und die beiden interessieren uns jetzt. Wir nehmen immer das an Input, was bei unserem Übungspartner von selbst auftaucht, versuchen aber dabei, uns jeweils auf zwei Figuren zu beschränken, um die Sache übersichtlich zu halten. Das heißt, das kleine Mädchen rückt jetzt erst mal in den Hintergrund. Stattdessen gucken wir uns die Beziehung zwischen dem Vater und dessen Mutter an. Wenn der Vater als kleiner Junge die Tür nicht zuhalten würde, würde seine Mutter ihn auffressen vor Liebe – oder was ist das für ein Auffressen?

B: Sie hat so einen riesigen Schlund, mit dem sie ihr Bedürfnis zum Ausdruck bringt. Sie will ihren Hunger durch den Jungen stillen. Ich sehe meinen Vater als Kind, der hält ganz fest diese Tür zu.

E: Damit das Löwenmaul der Mutter ihn nicht verschlingen kann. In diesem Bild vom hungrigen Schlund der Mutter haben wir eine wunderbare Vorlage, um die Mangelgefühle aufzufüllen und die Bedürfnisse der Mutter energetisch zu befrieden. Was bräuchte die Mutter, damit sie ihren Schlund satt und zufrieden schließen könnte, ohne ihren Sohn dafür zu verschlingen?

B: Die braucht einen Erwachsenen, jemanden, der sie bei der Hand nimmt, sie führt, ihr die Welt zeigt, sie beschützt.

E: Das ist Berits Verstand, der meint, die Mutter brauche dafür einen Erwachsenen. Die Erfüllung des Bedürfnisses soll von einer anderen Person ausgehen. Ich möchte aber wissen, was sie für ein *Gefühl* braucht, um zufrieden zu sein.

B: Aha, dann braucht sie Selbstverantwortung.

E: Das braucht sie definitiv, aber das ist kein Gefühl.

B: Geborgenheit, Vertrauen?

E: Genau, Geborgenheit, Vertrauen. Ihr erinnert euch, gestern hatten wir im Plenum zusammengetragen, welche grundlegenden gefühlsmäßigen Bedürfnisse erfüllt sein müssen, um heil und zufrieden zu sein. Diese Grundgefühle sind die Energien, mit denen wir unsere Figuren bei einem *Symboling* nähren. Wir verbinden sie nicht mit Selbstverantwortung an sich – die erwächst schließlich von selbst aus dem Urvertrauen heraus. Wir brauchen die Gefühle aus den obersten Reihen der Bewusstseinsskala[5], etwa Liebe, Vertrauen, Wertschätzung.

B: Alle drei?

E: Die hungrige Mutter könnte jetzt alle drei gebrauchen, um ihren Schlund zu füllen, Liebe, Vertrauen, Wertschätzung. Darum meine Frage an dich, Berit: Wärst du bereit …

B: Ja, ich erlaube es sofort.

E: … dass die Mutter nicht von ihrem Sohn diese Gefühle bekommt, denn der ist für die Erfüllung ihrer Bedürfnisse nicht zuständig, sondern von irgendwoher aus dem univer-

---

5   Vgl. Kochte (2011), S. 119.

sellen Feld. Dann beobachten wir jetzt, wie die Gefühle von Wertschätzung, Liebe und Vertrauen in die Figur der Löwin einfließen. Jeder von euch kann für sich selbst nachvollziehen, wie sich diese energetische Verbindung darstellt. Wir beobachten also jetzt vor unserem inneren Auge, wie die Löwenmutter sich verändert, wenn sie sich mit Berits Erlaubnis für diese Gefühle öffnen darf.

B: Darf ich es sagen? Die Mutter hat ihre eigene Quelle, aus der die Energie durch einen Trichter in sie hineingeflossen ist *[lacht]*, und jetzt ist sie ein friedliches Katzi. Sie schnurrt und leckt sich die Pfoten und ist ganz zufrieden.

E: Wenn ich mit Berit telefonieren würde, dann würde ich nicht sehen, dass sie lacht – ihre Erleichterung nach dieser Verwandlung würde ich aber auch über die Entfernung deutlich spüren. Als Behandlerin kann ich den Prozess der Verwandlung emotional mit nachvollziehen und ihn damit bezeugen und bewahrheiten. Ich spüre mich in Berits Bild rein und merke sofort, wie es leichter in meinem Körper wird – das ist das, was auf der sensitiven Ebene passiert, wenn das System sich für die guten Gefühle öffnet. Und ihr habt gemerkt, ihr müsst nicht lange in das negative Kerngefühl hineinfühlen, um es zu verwandeln, es genügt ein kurzes, aber voll bewusstes Eintauchen darin.

So, Berit, jetzt darfst du mal in die Löwin hineinschlüpfen. Wie fühlt sich das jetzt an, so aus der eigenen Quelle gesättigt zu sein mit Liebe?

B: Das ist Sahne! Die ist total zufrieden.

E: Räkelt sich und streckt sich zufrieden …

B: Schnurrt …

E: Gähnt, schnurrt … Gehen wir nach dieser Verwandlung wieder in die Szene, die wir vorhin hatten, da haben wir die Löwin vor der Tür gesehen und den kleinen Sohn dahinter, der sie zuhält. Jetzt haben wir, statt der Löwin, ein

Katzi vor der Tür sitzen, aber der Sohn ist immer noch unverändert hinter der Tür, oder?

B: Der macht nicht auf. Der mag keine Katzen. *[Sie lacht]*

E: Der mag keine Katzen?

B: Sagt er. Der sagt, okay, das Katzi ist lieb und schön, aber er muss niesen.

E: Niesen. Das ist ein guter Hinweis. Es geht natürlich nicht um Katzen, sondern das Niesen ist eine Abwehr, ein Ausdruck dafür, dass ihm irgendwas an der Mutter immer noch nicht geheuer ist.

B: Sie ist eine Frau.

E: Er ist so verletzlich gegenüber dieser Frau, seiner Mutter, dass er sich nur durch Ablehnung und Zusperren vor ihr schützen kann. Frauen sind Katzen, und Katzen sind unberechenbar und gefährlich. So in etwa könnte der dazu passende Glaubenssatz lauten. Statt aber auf diese Weise vom Verstand her zu interpretieren, spüren wir lieber einmal in Berits Feststellung hinein, was es für den Jungen *gefühlsmäßig* bedeutet, dass Katzi eine Frau ist. Übrigens, wenn ihr als Behandler vom Klienten eine neue Information bekommt, aus der der nächste Schritt innerhalb des Prozesses noch nicht unmittelbar hervorgeht, braucht ihr eine Inspiration, was ihr mit dieser Information konkret anstellt. Dafür geht ihr noch einmal in euch, vertieft gegebenenfalls euren Theta-Zustand und bittet eure Quelle um eine Idee, was als Nächstes zu tun oder zu ergründen ist. Das könnt ihr eurem Gegenüber auch durchaus so kommunizieren, dass ihr jetzt noch einmal reinspüren müsst, um euch neu zu orientieren. Das ist ein ganz normaler Schritt innerhalb eurer Moderation, euch immer wieder zu sammeln. Ihr müsst als Moderatoren nicht nonstop auf Sendung sein. Aber ihr solltet euch in der Szenerie, mit der ihr arbeitet, genau auskennen, jeden Schritt, den der Klient macht, vom Quellbewusstsein aus nachvollziehen und tendenziell sogar voraussehen, um ihn in die entsprechende Richtung zu führen. Ihr wisst ja längst, worauf das Ganze hinauslaufen soll, nämlich immer auf die Befriedung der Antagonisten, damit der durch sie verkörperte Widerstand sich löst. Ihr seid als Behandler mit allen Figuren in der Szene verbunden und zugleich steht ihr über dem Ganzen wie ein auktorialer Erzähler. – Vielleicht hat auch Berit eine Idee, wie es jetzt weitergeht.

B: Nee.

B: Spüren, fühlen wir uns in die Szene also erneut ein.

B: Seine Bedürfnisse müssten wir jetzt mal angucken.

E: Die Bedürfnisse des Jungen zu ergründen wäre ein guter Ansatz, genau. Was bräuchte der Junge, um der Katze die Tür öffnen zu können, ohne etwas von ihr befürchten zu müssen?

B: Das mit der Urmutter[6], vielleicht wäre das jetzt bei ihm angebracht.

E: Aha, also Berit meint, der Junge bräuchte die Energien der Urmutter, das Gefühl von Mütterlichkeit, Fürsorge, Geborgenheit – im Prinzip das Gleiche, was die Löwin vorhin gebraucht hat.

B: Auch Vertrauen und das Kuschelige.

E: Kuschelig wie eine Katze?

B: Nein, nicht die Katze!

E: Keine Bange, die Katze lassen wir erst mal hinter der Tür. Schauen wir zunächst, ob wir unabhängig von der Mutter-Katze im Jungen das *Urmutter-Modul* aktivieren können, das alle mütterlichen Qualitäten in höchster und bester Weise in sich bündelt. Das funktioniert natürlich nur, wenn du ihm den Zustrom dieser Qualitäten erlaubst.

---

6 Berit bezieht sich auf das von mir so genannte Urmutter-Modul. Dabei geht es um eine Bündelung von Qualitäten, welche eine idealtypische Mutter in sich trägt und die wir im Theta-Zustand über das Quellbewusstsein in unserem Zellbewusstsein aktivieren können. Das Urmutter-Modul stillt einige unserer elementaren Grundbedürfnisse. Vgl. Kochte (2011), S. 217f.

B: Sehr gern.

E: Spür mal in das Bild rein, ob der Junge diese Energien annehmen kann. Die Einsicht, dass er jene Gefühle braucht, ist das eine, sie annehmen zu können, das andere. Das müssen wir genau in dem Bild überprüfen, um eventuelle Widerstände zu bemerken. Funktioniert es, Berit?

B: Er will zuerst das *Vater-Modul.*

E: Der Kleine kennt sich aber schon gut aus mit den Modulen! *[Lachen]*

B: Ich bin mehr akustisch. Ich sehe die Energien nicht.

E: Hauptsache, du kannst die Energien wahrnehmen, und das hast du ja schon hervorragend bewiesen. Der Junge braucht also erst mal etwas Starkes, Väterliches, damit er das, was ihm noch nicht ganz geheuer ist, nämlich das Mütterliche, in sich aufnehmen kann. Er muss sicher sein, ich bin stark, deswegen möchte er erst einmal eine väterliche Qualität bekommen.

B: Ein Mann sein.

E: Ein Mann sein, schön und gut, aber hier haben wir es zunächst mit Berits Vater als kleinem Jungen zu tun. Den will ich noch nicht großziehen. Um ein integrer Mann zu werden, muss er innerhalb der Logik des Bildes als kleiner Junge mit den Energien genährt werden, die er braucht.

B: Er hat gesagt, er will das *Vater-Modul.* Er hat gehört, was du gesagt hast. *[Lachen]*

E: Aufmerksamer kleiner Junge. Der weiß, was auf ihn wartet.

B: So dringend!

E: Wir gucken, ob das funktioniert, wenn wir ihm jetzt alle väterlichen Qualitäten in höchster und bester Weise zuwachsen lassen, Stärke, Führung, Präsenz …

B: … Schutz, Vorbild.

E: Ein Vorbild für seine spätere Rolle, für das, was er alles sein könnte, und auch dieses »Fels-in-der-Brandung«-

Gefühl, dieses »Mir kann keiner was, ich bin ganz mit mir, ich weiß, wie ich mich selbst beschützen kann«. Jetzt spür mal in den Jungen rein, ob das fließt.

B: Das ist toll!

E: Berit hat vorhin gesagt, sie nimmt nicht so sehr in Bildern wahr, sie erhält die Informationen als verbale Botschaften. Das ist genauso gut wie die visuelle Wahrnehmung. Mit welchen Sinnen ihr wahrnehmt, spielt keine Rolle, da hat jeder seine Präferenzen. Ich selbst sehe aber in Bildern, also kann ich als Coach die Veränderungen in Form von Bildern überprüfen, damit ich mich in Berits Prozess auskenne und meine Wahrnehmung mit ihrer synchronisiere. Berit sagt zwar, die Aktivierung der väterlichen Energien fühlt sich toll an, ich muss als Coach aber trotzdem noch mal nachspüren, wie sich das Bild jetzt vor meinem inneren Auge verändert hat, und das Ergebnis überprüfen. *[Kurzes Schweigen]* Ich sehe jetzt etwas Komisches, bringe das aber mal ins Spiel. Grundsätzlich müsst ihr alles, was ihr über eure Intuition wahrnehmt, mit einbeziehen, auch und sogar gerade, wenn es euch seltsam erscheint. Ich sehe den Jungen als Zinnsoldaten mit einer Harpune vor der Tür stehen, bereit zum Angriff. Und dahinter die Katze. Das Ganze sieht spielerisch aus. Der Zinnsoldat macht mich stutzig, denn der ist ja ziemlich unlebendig und steif, zugleich ist aber auch der Schalk in seiner Haltung erkennbar. Jetzt soll die Katze mal ruhig kommen, scheint er zu sagen. Er ist bereit zum Kampf. Was macht das mit dir, wenn ich dir das erzähle, Berit?

B: Als Berit bekomme ich sofort Angst. Ich bin auch eine Frau.

E: Hilfe, jetzt wird der Kleine bedrohlich!

B: Ist er auch.

E: Das heißt, jetzt müssen wir mal sehen, was wir mit dem Jungen machen, damit das Aggressive sich verliert und sich in echte Stärke verwandeln kann, in eine vertrauenswürdige Souveränität.

B: Vielleicht braucht er jetzt doch das Mütterliche.

E: Sehr gut, darauf wollte ich vorhin hinaus, irgendwie muss die Mutter integriert werden. Solange aber eine so starke Abwehr in ihm ist, wird es nicht funktionieren, da kann er die Kräfte der Urmutter nicht annehmen. Durch die Aktivierung der väterlichen Qualitäten haben wir ihn von seiner ängstlich-defensiven Abwehrhaltung, die sich im Türzuhalten gezeigt hat, nun unwillkürlich in eine kriegerisch-konfrontative Haltung gebracht. Kurzerhand hat sich der kampfeslustige Teil seiner Männlichkeit mobilisiert. Das ist aber nur eine Seite der Medaille. Innere Stärke, die Fähigkeit zur Verbindung mit einem Anderen, speist sich aus dem Weiblichen, der Urmutter. Solange diese Energie nicht in seine Person integriert ist, wird sich auch seine Männlichkeit nur von ihrer aggressiven Seite zeigen. Wahre Stärke und Führungskraft kommt ohne das Weibliche nicht aus. Idealerweise sollte der Energiefluss von der Mutter direkt kommen. Dafür müssen wir die beiden Figuren so lange präparieren, bis die Gefühle in der Originalbeziehung fließen können. – Jetzt ist der Junge also ein kleiner Soldat, der sich verteidigen kann. Würde er sich als solcher jetzt trauen, der Katze die Tür zu öffnen, auch wenn es ihm noch ein wenig unheimlich ist?

B: Nur mit Harpune!

E: Das können wir gerne ausprobieren. Wir öffnen die Tür.

B: Er legt an.

E: Wie sieht die Katze aus? Wie fühlt es sich aus seiner Perspektive an, wenn die Katze sich ihm nähert?

B: Aus seiner Sicht ist die Katze noch immer ein Raubtier. Ein Luchs.

E: Sie ist noch immer gefährlich.

B: Unberechenbar. Er hat Angst.

E: Möchte er mit seiner Harpune gleich zupiken?

B: Darüber ist er gespalten, denn das gehört sich ja nicht. Aber eigentlich will er gerne. Er muss die Katze nicht gleich umbringen, aber sie ein bisschen zu piken würde ihm gefallen.

E: Einmal so zur Warnung, »Pass bloß auf, Katze!« Okay, das lassen wir ihn mal machen. Der darf die Luchskatze mal so stupsen mit der Spitze.

B: Mit Betäubung.

E: Mit Betäubung?

B: Er wollte einen Betäubungs-Pfeil schießen.

E: Oh! *[Lachen]* Okay.

B: Darf er das machen?

E: Lassen wir ihn das mal machen, also einen Betäubungspfeil für die Luchskatze. Boing! Da legt sie sich hin. So. Jetzt kann er sich die mal in Ruhe angucken.

B: Genau.

E: Ein guter Trick, sie zu betäuben, damit er sie unbemerkt erkunden kann. Genial, oder?

B: Genial!

E: Dann lass ihn mal um den Luchs herumschleichen wie ein Indianer. Wir sehen uns diesen Luchs jetzt mal in aller Ausführlichkeit durch seine Augen an.

B: Er sieht, dass das Fell ganz weich ist.

E: Weiches Fell hat der Luchs. Vielleicht will er es mal anfassen?

B: Schönes Tier, hat Krallen.

E: Es ist gut, Krallen zu haben. Er hat dafür eine Harpune.

B: Er hat nur deshalb eine Harpune, weil er keine Krallen hat. Die Katze hat von Natur aus Krallen.

E: Ich sehe es gleichberechtigt, sie ist mit Krallen bewaffnet, er mit einer Harpune.

B: Er will auch Krallen haben.

E: Er will auch Krallen, weil da eine schöne Kraft drinsteckt, in diesem Mutterluchs, und er könnte sich diese Kraft zunutze machen. Wir gucken jetzt mal, was sich tun lässt. Die »Feindin« ist ja vorerst schachmatt gesetzt.

B: Und faszinierend!

E: Eigentlich will er also gar nicht mit ihr auf Kriegsfuß stehen, vielleicht will er sich lieber mit ihr verbünden, mit der Kraft, die in ihren Krallen ist.

B: Das wäre cool.

E: Meinst du, wir können die Qualitäten, die der Luchs hat, auf den Jungen übertragen?

B: Er ist der Sohn. Er muss das genetisch haben. Von seiner Anlage her hat er auch Krallen.

E: Jetzt würde ich sagen ...

B: Die Krallen sind schon gewachsen.

E: Die sind schon gewachsen? Wunderbar.

B: Ja, das ist ja meine Mutter, mein Erbe, sagt der Junge. Es steht mir zu.

E: Trotzdem würde ich gerne einmal in den schlafenden Luchs hineinspüren.

B: Okay.

E: Die schläft zwar, die Luchsin, aber vielleicht spürt sie ja trotzdem, wie er so um sie herumluchst. *[Lachen im Publikum]* Mütter sind ja sensibel für ihre Kinder, im Idealfall. Sie spürt vielleicht auch seinen Wunsch, dass er etwas von ihr möchte. Spür mal in den Luchs, ob sie bereit ist, ob sie ihm gerne diese Kraft vermitteln möchte.

B: Ja, der Luchs sagt zu dem Jungen, ich bin doch auf deiner Seite.

E: Ich bin doch deine Mutter.

B: Ja.

E: Natürlich kannst du auch Krallen bekommen, sagt sie zu ihm.

B: Gern.

E: Okay. Spüre, wie sich ihre Kraft auf ihn überträgt. Wie sieht jetzt das Kind aus? Ist der Junge auch ein Luchs geworden?

B: Er ist noch ein Mensch, aber …

E: Mit Krallen.

B: Mit diesem Fellmuster. Halb Mensch, halb Katze. Er braucht die Harpune nicht mehr. Er ist jetzt selber stark.

E: In sein System ist jetzt alles integriert, was er braucht.

B: Es ist auch dieses Kätzische, das Flinke, Geschmeidige.

E: Was ist mit der Unberechenbarkeit? Wir hatten gesagt, Katzen und Frauen sind unberechenbar.

B: Mein Verstand sagt, mein Vater ist unberechenbar.

E: Ja. Da spiegelt sich das Vorurteil. Sehen wir mal, wie wir den Film weiterdrehen können. Würde der Junge der Katze erlauben, wieder aufzuwachen? Schau den beiden mal zu, wie die miteinander in der Szene jetzt sind.

B: Schön. Sie schleckt ihn jetzt ab. Der Junge kuschelt sich so richtig da rein.

E: So ein kleines Katzen-Menschen-Baby.

B: Ein Mutant. *[Lacht]*

E: So, an diesem Bild soll Berit sich jetzt ein bisschen weiden, das ist die eigentliche Schlüsselszene in ihrem Heilungsprozess. Da wollten wir hin, zu diesem Gefühl des Angenommenseins im Mütterlichen. Wir waren vom Vater ausgegangen, aber dem fehlte das Mütterliche seinerseits. Aufgrund dieses Mangels konnte er der kleinen Berit auch keine väterliche Zuwendung geben und hat sie auflaufen lassen. Also führte der Weg der Heilung über die Integration der weiblichen Qualitäten in sein Energiefeld, und dafür haben wir ihn als kleinen Jungen imaginiert. – Berit und wir alle genießen jetzt das Gefühl, wie es ist, sich als Katzenbaby so richtig in diese herrliche Luchsmama reinzukuscheln, ihr schönes, weiches Fell zu spüren und ihre raue Zunge, die ihn massiert und ihm das Gefühl gibt, von ihr geliebt und umsorgt zu werden. Und gleichzeitig weiß der Junge, seine Mutter ist stark, sie hat Krallen, sie kann ihn verteidigen – und auch er konnte sich die Qualität ihrer Krallen zu eigen machen.

B: Das ist schön.

E: Er kann sich damit ausprobieren.

B: Jetzt weiß er, dass er wachsen wird.

E: Jetzt kann er endlich richtig wachsen.

B: Jetzt wird er ein Tiger.

[Lachen im Publikum]

B: Ich glaube, ich sehe doch etwas.

E: *[lacht]* Was du nicht sagst – den Eindruck hatte ich schon die ganze Zeit. Haben wir wieder so eine erwischt! Also, an alle Leute, die immer behaupten, sie könnten nicht visuell wahrnehmen – Berit hat euch allesamt entlarvt! [Lachen im Publikum] Ihr alle könnt euch die Szenen, die wir hier miteinander durchgespielt haben, nicht nur gefühlsmäßig, sondern auch bildlich vorstellen – nichts anderes bedeutet »Sehen«! Wenn ihr daran Zweifel habt, beruht das schlichtweg auf einem Missverständnis – oder auf eurem dicken Kopf. Tut einfach so, als wärt ihr hellsichtig, traut euch, ungeniert in eurer Vorstellung herumzuspinnen, und schon läuft der innere Film!

Hier ist für mich die Session so weit erst mal rund, dass ich zur Überprüfung des Ergebnisses jetzt einen Switch machen möchte in das erste Bild, das sich mir eingangs gezeigt hatte. Ihr erinnert euch an die kleine Berit, die auf den Vater zugerannt und dabei gegen die Scheibe der geschlossenen Tür geprallt ist. Der Vater hat sich ja mächtig verändert im Laufe des Prozesses, vom kleinen, liebebedürftigen Jungen zum starken Tiger. Jetzt rufe ich mir die Ausgangssituation noch einmal auf, um zu vergleichen, wie sich die Konstellation nach der Verwandlung der Vaterfigur inzwischen darstellt.

Beziehungsweise lasse ich das Berit überprüfen: Berit, wenn du dir jetzt vorstellst, als kleines Mädchen auf deinen Vater zuzurennen, voller kindlicher Freude, »Papi, Papi, ich muss dir was zeigen« – wie schaut der Vater dich an? Wie begegnet er dir?

B: Ganz lieb, ganz stark. Ganz lieb.

E: Na bitte. Hier haben wir also die zweite Schlüsselszene in unserem Prozess. Koste das aus. Fühle, wie sich das anfühlt, von deinem Vater in aller Liebe und Stärke empfangen zu werden.

B: Na Servus. Sehr schön.

E: *[lacht]* Sehr schön. Das spüre ich jetzt übrigens auch wieder in meinem Körper. Sehr ergreifend. *[Seufzt]* So einen Papa brauchen wir alle. *[Ergriffene Stille im Saal. Im Publikum schnäuzen sich einige]* Jetzt kommt mir eine Vision. Ich sehe, wie Berit an der Hand ihres Vaters zu dem Ex-freund geht, der sich ja auf leisen Pfoten davongeschlichen hat. Jetzt sieh dir das Bürschchen von Exfreund mal an, das sich nicht mehr gemeldet hat.

[Lachen im Publikum]

B: Das ist ein alter Sack. *[Lachen]* Für Bürschchen bin ich zu alt. *[Lachen]* Fühlt sich nicht gut an, dass ich meinen Vater dabeihabe.

E: Okay. Vater weg.

B: Ist das okay?

E: Na klar, war nur so ein Spontaneinfall, den mitzunehmen. Aber energetisch hattest du ihn sowieso die ganze Zeit dabei – sonst hättest du in der Beziehung ja nicht dein altes Muster mit ihm ausgelebt. Den Vater brauchen wir also nicht mehr.

B: Obwohl, wenn er als Tiger mitkommt … Kann ich das probieren?

E: Kannst du probieren. Wir wissen, der Vater ist da, der ist stark.

B: Er kann den totbeißen.

E: Hoho!

B: Ich lass ihn lieber zu Hause.

E: Jetzt kommen die Männerrivalitäten, die lassen wir mal beiseite.

B: Aber ich weiß, ich kann ihn pfeifen.

E: Richtig, der Vater ist als Energiefeld auf Abruf.

B: Der steht hinter mir.

E: Genau, das Gefühl wollte ich eigentlich nur mobilisieren. Jetzt schau dir den alten Sack mal an. *[Lachen im Publikum]*

B: Er ist schon irgendwie ...

E: Der hat sich ausgeklinkt. Was macht das mit dir? Mich interessiert jetzt, wie du dich mit der Trennung nun fühlst. Die Situation ist die Gleiche, wir stellen uns jetzt keine Wiedervereinigung vor, die Liebesbeziehung ist ja gelaufen, die Story vorbei.

B: Mein Exfreund ist ein Dummkopf, selber schuld. Ja, mir tut es schon auch leid.

E: Schade um den, bisschen nett war er ja doch.

B: Ja, es ... bin schon traurig.

E: Das ist auch richtig. Es ist erst zwei Wochen her, und immerhin ist es eine stürmische Liebe gewesen. Vielleicht ist es noch eine Liebe, spür da noch mal rein.

B: Es ist immer noch eine Liebe.

E: Es ist schade drum. Spür das noch mal, die Traurigkeit darüber.

B: Das Schlimme ist, wenn er sich jetzt verabschieden würde, könnte ich es ertragen, aber ich weiß ja nicht recht, woran ich bin.

E: Du weißt nicht, ob er vielleicht doch noch wollen könnte. Das Schweben in der Ungewissheit ist schlimm. Damit überlässt du ihm allerdings die Macht, wenn du deine Gefühle von seinem Verhalten abhängig machst, von der

Frage: Kommt er zurück oder kommt er nicht mehr? Da bist du in einem Dilemma.

B: Ja, aber so habe ich noch Hoffnung. Wenn ich das jetzt verändere, dann habe ich keine Chance mehr, es rückgängig zu machen.

E: Dann ist es vorbei, aber erst dann bist du wirklich frei. Das musst du aber nicht hier und heute entscheiden. – Ich möchte selbst auch noch mal reinspüren, wie sich die Energie jetzt anfühlt. *[Kurzes Schweigen]*

B: Also, ich würde gerne – wenn er eine Emanation meiner Quelle ist, wenn ich ihn erschaffen habe – quasi diese Energie einfach zu mir holen und die Person sein lassen.

E: Das ist eine schöne Idee. Berit ist sowieso sehr auf Zack und eigenständig in diesem Prozess! Das heißt, alles, was Berit an Hoffnungen, Wünschen, Gefühlen mit ihm erlebt hat …

B: Was schön war, diese Liebe …

E: Die Liebe, alles was sie durch ihn erfahren hat, das integrieren wir als Gefühlspaket in Berits Zellbewusstsein. Das ist jetzt ihres, gehört zu ihrem persönlichen Energiefeld. Und damit entlassen wir die Person, ihren Expartner, aus seiner Verantwortung, für Berits Wohlbefinden zu sorgen. Ob er nun kommt oder nicht, das ändert nichts mehr an Berits Energie. Das ist nicht mehr sein Terrain. Darüber kann er nicht entscheiden. Berit entscheidet. Sie hat sich gerade entschieden, sie möchte, dass diese schönen Aspekte, die er verkörpert hat, und die Gefühle, die sie für ihn empfunden hat, wieder bei ihr sind und ihr selbst zugutekommen.

Nach meinem Gefühl wird es hier nicht so sein, ich sage trotzdem mal, was nach einer solchen Klärung nun prinzipiell möglich wäre: Wenn wir eine Person aus ihrer Verantwortung entlassen und unsere neurotische Bindung an sie aufgeben, indem wir uns wieder mit unserem wahren Selbst verbinden, dann kann es sein, dass die Partner einander auf einer neuen Ebene wiederbegegnen und zu einer wahrhaftigen Beziehung finden, einfach, weil dieser ganze emotionale Schnodder weg ist.

B: Das sehe ich hier nicht.

E: Das sehe ich auch nicht, dass es hier so sein wird. Ich glaube, dieser Mann war dafür da, Berits Vater-Muster zu spiegeln, dessen Auflösung ihr nun die Möglichkeit gibt, die Qualitäten, die sie mit ihm gelebt hat, in sich selbst zu erkennen. Das Ergebnis dieser Session ist, dass sie sich als eine eigenständige, liebenswerte Frau wahrnehmen kann, als ein wertvolles Geschöpf, das willkommen ist und alle Liebe des Universums verdient. Die Integration dieses Lebensgefühls, gewonnen aus unserem *Symboling*-Prozess, beginnt jetzt, das lassen wir als Programm durchlaufen durch ihr Zellsystem. Das habe ich eben einfach nur als Intention abgeschickt, das läuft jetzt durch, während wir hier beisammensitzen. Sobald dieses Gefühl in ihr stärker etabliert ist, wird sie einen Partner finden, der nichts mehr auffüllen muss in ihr, keinen Mangel ausgleichen, sondern sie begegnen einander dann auf Augenhöhe, um ihre gemeinsame Liebe zu leben. Und wenn Berits Exfreund derjenige, welcher wäre, dann würde er sich auch ganz schnell mit ihr mitentwickeln, aber ich glaube, der kann gar nicht mehr Schritt halten mit Berit. Der braucht jetzt vielleicht die nächste Frau mit einem Vater-Thema, mit der er seine Spielchen treiben kann.

B: Ich glaube, das ist der Grund, warum er verschwunden ist.

E: Dann sei froh, dass er dir damit den Raum gegeben hat, dein Thema anzuschauen.

B: Ich kann jetzt auch Dankbarkeit empfinden, weil ich durch ihn hierhergekommen bin, ich habe mein Vater-Thema, wenn nicht gelöst, dann sehr weit bearbeitet. Das ist das Wichtigste.

E: Dafür war er der beste Partner, den du hättest wählen können. Insofern hat er optimal zu dir gepasst. Diese deine Wertschätzung und Dankbarkeit schicken wir auch noch einmal in seine Richtung, wo immer er sich auch versteckt hält. Damit kann er dann machen, was er will. Wenn er offen dafür ist, wird er diese Energie annehmen können, wenn nicht, sein Pech. Das liegt nicht in unserer Verantwortung. So, wir harmonisieren Berit jetzt noch durch einen kleinen Impuls mit den veränderten Energien und integrieren diese in jeden Bereich ihres Lebens. Das fließt jetzt durch, das wird noch arbeiten die nächsten Tage. Wie fühlst du dich, Berit?

B: Sehr gut.

E: Alles paletti, alles rund.

B: Danke. Schön. Schöne Session! *[Applaus, strahlende Gesichter. Berit nestelt in ihrer Hosentasche]*

B: Ist noch Zeit …

E: Zeit für ein Taschentuch ist immer.

B: Tausend Dank. *[Schnäuzt sich]*

Eine Frau aus dem Publikum meldet sich zu Wort und erzählt, dass durch das intensive Zuschauen und Dabeisein parallel ein eigener Prozess mit ihrem Partner in ihr abgelaufen sei und sich der Konflikt ebenfalls spürbar gelöst habe. Solche Rückmeldungen erhalte ich öfter. Die gesamte Gruppe ist emotional an diesen Sessions beteiligt. Dies schafft eine tiefe Verbundenheit miteinander, und so entsteht für alle Beteiligten ein starkes Kraftfeld. Die konkrete Problemkonstellation, die Story als solche, ist bei jeder Person individuell verschieden. Aber auf der Ebene der Gefühle sind wir alle miteinander verbunden, erleben wir die gleichen Mängel und Sehnsüchte – und so profitieren wir alle gemeinsam davon, wenn wir an der Transformation einer einzelnen Person Anteil nehmen.

6. Beispiel: Gabi

»Gabi« (45) meldet sich für eine Demo-Session während eines Seminars in Berlin mit gut vierzig Teilnehmern. Die Sitzung wird sehr komplex, da in diesem Fall ein ausgeprägtes Abwehr- und Kontrollmuster auftritt, das den Zugang zu den schmerzhaften Kerngefühlen, die dem Muster zugrunde liegen, immer wieder versperrt.

E: Gabi, was möchtest du gerne in deinem Leben optimieren? Wo hakt es?

G: Soll ich das von gestern nehmen, oder ist das zu doll?

E. Was du möchtest. Ich weiß nichts von gestern.

G: Es ging um Tiere. Ich habe eine starke Phobie vor Spinnen.

E. Spinnen? Igitt!

G: Ist das zu viel?

E: Nee. Ich habe aber auch Angst vor denen. *[Lachen]*

G: Wenn das zu gemein ist.

E: Nee, nee, da müssen wir jetzt durch.

G: Jetzt ist die Zeit dafür.

E: Jetzt werdet ihr gleich erleben, dass man mit jemandem auch zu einem Thema arbeiten kann, das man selber noch nicht integriert hat. Das wird euch ohnehin häufig passieren, dass ihr Übungspartner oder Klienten anzieht, die ähnliche Probleme haben wie ihr selbst – die beste Art, damit voranzukommen! Magst du was dazu erzählen, Gabi, wie groß dein Entsetzen vor Spinnen ist?

G: Das ist pures Entsetzen. *[Lachen im Publikum]* Wenn ich einen Raum betrete, weiß ich, dass so ein Viech da drin ist. Ich spüre die Dinger förmlich. Wenn ich sie sehe, schnürt es mir die Luft ab. Ich kann auch keine Spinne totmachen oder sonst irgendwas. Ich erstarre förmlich. Ich kann nicht mal schreien. Ich könnte nur heulen. Jetzt, allein wenn ich nur daran denke, das klopft hier schon wieder so dermaßen, das macht mich fertig.

E: Also, es ist wie eine Schockstarre, und dir ist zum Heulen zumute vor Entsetzen.

G: Ich bin vollkommen handlungsunfähig, wenn ich das Ding sehe.

E: Wenn du so heftig körperlich darauf reagierst, bedeutet das für dich zwar gerade Stress, aber immerhin haben wir damit einen untrüglichen Indikator, der uns darüber Auskunft gibt, wo wir gerade stehen innerhalb des Prozesses. Der Körper lügt nicht. Dann sehen wir uns die Spinne mal an. Also, jetzt gehe ich als Coach in den Theta-Zustand und rufe mir ein Bild auf, in dem höchstwahrscheinlich und ganz überraschend eine Spinne vorkommen wird. Und du, Gabi, machst bitte ebenfalls die Augen zu. Spürst einfach mal rein. *[Kurze Pause]* Also, ich sehe Gabi dastehen, und eine Riesenmonsterspinne läuft über sie drüber, mit Beinen, so lang wie Gabi groß ist. Von den Beinen gehen eine Art Tentakel aus – oder kräftige, lange Haare, die sich um Gabi rumwickeln. Sie wird vollkommen darin eingeschnürt. – Und der echten Gabi steht der blanke Horror ins Gesicht geschrieben, der dieses Bild in ihr hervorruft. Ihr Körper fängt an zu reagieren.

G: *[keucht, schluchzt, weint, flüstert etwas Unverständliches]*

E: Wird dir schlecht?

G: *[schluchzt]*

E: Ganz ruhig, tief durchatmen. Das war jetzt wohl einen Tick zu heftig, aber das kriegen wir gleich in den Griff. Okay, Gabi. Wir wenden einen kleinen Trick an. Wir stecken dich in einen Schutzpanzer. Du kriegst jetzt eine sauerstoffdurchlässige Glocke über deinen Körper gestülpt, unter der du ganz sicher bist, sodass wir dich erst mal wieder abschirmen von dieser Spinne. Das ist mir sonst zu heftig. So können wir nicht arbeiten, derart überbordender Stress blockiert die tieferen Gefühle, die wir uns anschauen wollen. Wir müssen herausfinden, wer die Spinne überhaupt ist und was sie von dir will, dafür brauchen wir einen gewissen Abstand. Na bitte, es wird schon deutlich besser. Sie ist nicht mehr so bleich um die Nase. Bist du okay, Gabi?

G: *[nickt]*

E: So einen Schutzraum könnt ihr bei euren Übungspartnern grundsätzlich installieren, wenn eine Figur im Bild, ein Gewalttäter etwa, zu bedrohlich erscheint. Dann könnt ihr zum Schutz einen Tresor bauen oder eine Pyramide aus Licht, eine Glaswand oder Ähnliches. Wenn euer Übungspartner anfängt zu weinen aufgrund der starken Resonanz mit eurem Bild, habt ihr die besten Voraussetzungen geschaffen, um mit ihm zu arbeiten, denn dann ist er bereits mitten in seinem Kerngefühl. Aber Gabi war eben nicht in ihrem Kerngefühl, sondern sie hatte eine Schockattacke. Möglicherweise hätte sich das zugrunde liegende Trauma aus ihrem Körper geschüttelt, wenn ich Gabi noch eine Weile so gelassen und den Raum für sie gehalten hätte – so was hat sich im Anschluss an einen Seminartag schon mal erfolgreich ergeben bei einer Teilnehmerin. Dafür konnte ich aber jetzt in diesem Kontext, vor dem Auditorium, nicht bürgen. Also habe ich kurzerhand ihr aus den Fugen geratenes Ich-System durch diesen kleinen Kunstgriff restabilisiert. – Okay, Gabi, dann atme mal in deinen Schutzraum rein, verschaffe dir Luft und Platz. Da kann nichts eindringen; die Glocke um dich herum ist hermetisch nach außen abgesichert. Sie enthält auch einen Sichtschutz, weil der Ekel zu stark ist vor den Tentakeln. Du weißt aber, die Spinne ist trotzdem da. Die räumen wir jetzt ganz bewusst nicht beiseite. Die wollen wir uns ja anschauen. Also. Schildere mal deine Gefühle von eben, Gabi. Wie du dich gefühlt hast, unter der Spinne so eingezwängt zu sein. Wie war das?

G: Panik, Ekel, ganz, ganz viel Angst, und ich hatte – so ein Zittern im ganzen Körper, das, das war ganz schlimm. Als ob da etwas hochwollte. Das war jetzt sehr unangenehm.

E: Okay. Mich interessiert jetzt, was da hochwollte. Da steckt etwas in Gabi fest. Ihr wurde speiübel davon, sie hat ja fast gewürgt. Da sitzt etwas in ihr drin, und das korrespondiert irgendwie mit der Spinne. Wir klammern die Spinne selber jetzt mal für einen Moment aus. Wir gehen mit unserem Fokus zu dem Gefühl, das da hochwollte. Was würdest du aufgrund dieses Gefühls am liebsten mit der Spinne tun, wenn du ganz viel Kraft hättest, wenn du wüsstest, du bist ihr überlegen?

G: Ich wollte sie töten.

E: Töten, gut.

G: Nicht einmal das kann ich.

E: Weil du noch immer starr vor Schreck bist. Angenommen, du könntest jetzt alle deine Kräfte mobilisieren, dann würdest du die Spinne also gerne töten.

G: Und daraufspringen, darauftrampeln.

E: Super. Ein aggressiver Akt. Diese Energie benutzen wir jetzt, diese Wut, die da aus dir raus will und die dich gewürgt hat, weil du versucht hast, sie zu unterdrücken. Da sitzt eine unbändige Wut. Mit der Wut könntest du auf die Spinne draufspringen und auf ihr herumtrampeln und sie zerstören. Und das machst du jetzt mal in deiner Vorstellung. Geh davon aus, du hättest eine Rüstung, die deine Haut vor der direkten Berührung mit der Spinne schützt. Du kannst mit deiner Wut die Spinne erlegen. Stell dir das mal richtig vor, mit aller Power. Wir sind jetzt in der Wut-Ebene. Todesangst und darum Wut. Das ist beides da. Hm? Kannst du es sehen?

G: [nickt]

E: Wie sieht die Spinne jetzt aus, nachdem du sie zugerichtet hast?

G: Die sieht man nicht mehr. Sie ist ...

E: ... in alle Teile zerlegt und weg, peng!

G: Nur wegen der Rüstung. Sonst hätte ich das nicht gekonnt.

E: Na, deswegen können wir solche Tricks gut benutzen. Die Krieger hatten ja früher auch eine Rüstung an. So, die Spinne liegt da jetzt also, hat keine Macht mehr. Kann dich nicht mehr umklammern. Du selbst steckst noch in deiner Rüstung, verschnaufst erst mal. Kannst du die Spinne jetzt anschauen?

G: Da sind nur noch so schwarze Flecken von der Spinne. Ich finde das jetzt gut, dass das Viech tot ist.

E: Spüre der Erleichterung nach, die mit deiner Selbstbefreiung einhergeht. *[Kurze Pause]* So. Und jetzt versuch mal, die Stimmung wahrzunehmen, die sich einstellt, wenn du ein bisschen weiter in der Zeit voranschreitest. Du hast die Spinne erfolgreich erlegt, die ist weg. Da sitzt du jetzt. Wie fühlst du dich, nachdem die Spinne kaputt ist?

G: Ich könnte sagen: Das hast du jetzt davon.

E: Rache!

G: Hm.

E: Wie fühlt sich das an? Mit voller Inbrunst zu sagen, das hast du jetzt davon?

G: *[flüstert]* Hat sie Pech. *[Pause]*

E: Okay. Kommt noch was hoch?

G: Es war eigentlich nicht richtig, dass ich da jetzt jemanden getötet habe.

E: Aha. Da kommen die Schuldgefühle. Wir gehen hier schön voran in der Gefühlsskala, merkt ihr? Schuld. Ich hätte das nicht tun dürfen.

G: Jeder hat ein Recht auf Leben, auch das olle Viech.

E: Fühlst du das oder denkst du das?

G: Ich fühle heute gar nichts.

E: Wenn du wüsstest, wie es der toten Spinne geht, ohne

dass du dich in sie einfühlen müsstest, was würdest du sagen? Wie geht's der?

G: Na, schlecht. Die wird sich denken, ich habe der doch gar nichts getan. Ich war einfach nur da.

E: Woher kam dann deine Abwehr, wenn sie einfach nur da war, ohne dir etwas zu tun? Dazu hat die Spinne keine Idee?

G: Keine Ahnung.

E: Die Spinne fühlt sich also ungerecht behandelt, unverstanden. Was wollte die denn eigentlich von dir? Das wäre doch jetzt mal interessant. Kannst du die Spinne mal fragen, warum sie dich so eingekesselt hat mit ihren Beinen?

G: Nee.

E: Will sie nicht mit dir kommunizieren? Oder kannst du nicht?

G: Ich kann nicht.

E: Wenn du wüsstest, warum sie dich so beschlagnahmt hat eingangs, was, würdest du sagen, wollte sie deiner Meinung nach damit bezwecken, was wollte sie durch dich *fühlen*? Wenn du das wüsstest, was wäre das?

G: Was die Spinne vorhin gefühlt hat?

E: Ja. Sie hat ja einen Grund gehabt, dich so zu bedrängen. Sie hat dich vollkommen vereinnahmt. Das war ja nicht gerade zartfühlend und rücksichtsvoll von ihr, so über dich drüberzulaufen, *dich so zu übergehen*. Du hast dich mithilfe der Rüstung erfolgreich gegen sie zur Wehr gesetzt. Und da weiß sie also nicht, wie ihr geschehen ist. Sie scheint auch kein Gefühl für sich selbst zu haben, für das Motiv, warum sie sich da so monströs auf dir niedergelassen hat.

G: Ich kriege gerade nichts.

E: Gut, wir stecken momentan in der Sackgasse. Gabi ist von sich selbst dissoziiert, und es leuchtet unmittelbar ein, warum. Nutzen wir die Gelegenheit, uns die Dynamik einmal minutiös vor Augen zu führen. Die Spinne war ja anfangs massiv präsent mit ihrer Energie. Sie war in der Konstellation die Übeltäterin, die Antagonistin. Sie hat Gabi mit ihrer körperlichen Anwesenheit massiv bedrängt und in die Zange genommen. Gabi fühlte sich von ihr schrecklich bedroht und hat sich bis zum Würgereiz vor ihr geekelt. Ekel ist ein energetischer Abstandhalter, er dient der Abwehr, dem Selbstschutz, richtet sich aber nach innen und schützt darum nicht wirklich vor fremdem Zugriff. Durch meine Frage, was Gabi am liebsten mit der Spinne täte, wenn sie ihr garantiert überlegen wäre und nichts von ihr zu befürchten hätte, hatte Gabi den Mut, sich vorzustellen, die Spinne zu »töten«. Da sie sich jedoch nicht getraut hatte, ihre Wut dabei auch wirklich zu *fühlen*, verlief dieser Akt nur halbherzig; die bedrohliche Energie der Spinne blieb erhalten. Oberflächlich fühlte sich die Zerstörung der Spinne für Gabi zunächst befreiend an. Darunter lauerten jedoch Schuldgefühle. Und diese Schuldgefühle trennen Gabi von ihren wahren Gefühlen, die unter dem ganzen Malheur verborgen sind. **Schuld ist niemals ein Kerngefühl, sondern ein Mechanismus, um sich selbst und andere zu kontrollieren.** Es ist der Mechanismus, mit dem »die Spinne« Gabi ihr Leben lang in Schach gehalten und manipuliert hat, mit dem sie Gabi daran gehindert hat, sich gegen ihre Vereinnahmung zur Wehr zu setzen. Gabi hat diese Schuld längst verinnerlicht und hält sich nun selbst unter Kontrolle. Sobald sich ihre natürliche Abneigung regt, mit der sie sich selbst in Sicherheit bringen könnte, wird sie von Panik ergriffen oder starr vor Schreck. Damit ist sie außer Gefecht gesetzt, hat die Kontrolle verloren. Ist ausgeliefert durch ein Selbstverbot, das die Schuldgefühle in ihr verhängt haben. So viel zu dem Part, mit dem Gabi sich bewusst identifiziert.

Jetzt zur Spinne. Die fühlt sich durch den symbolischen Akt der Tötung von Gabi ungerecht behandelt. Sie hat im Gegensatz zu Gabi keinerlei Schuldbewusstsein. Anders ausgedrückt: Sie schiebt Gabi alle Schuld in die Schuhe. Das heißt, die Spinne kann sich weder in andere einfühlen noch in sich selbst. Sie hat überhaupt keine Wahrnehmung von sich selbst im Verhältnis zur Welt. Sie kann sich selbst nicht reflektieren. Sie scheint vollkommen abgetrennt zu sein von ihren Emotionen, von dem, was sie bewegt. Das ist immer der Moment, da Grenzen überschritten werden. Und das war ja hier eindeutig der Fall. Wenn andere Menschen eure Grenzen überschreiten, dann haben sie in dem entsprechenden Bereich in der Regel einen blinden Fleck, keine Wahrnehmung von sich selbst, keinen Bezug zu ihren eigenen Gefühlen – und folglich auch nicht zu euren Gefühlen. Den haben sie verloren, als ihre eigenen Grenzen von jemandem rücksichtslos überschritten wurden. Um sich vor dem damit verbundenen Schmerz zu schützen, haben sie sich von ihren Gefühlen abgekoppelt. Und da sie ohne ihr emotionales Feedbacksystem sich selbst und ihre Bedürfnisse nicht spüren können, können sie auch die Bedürfnisse anderer nicht spüren und respektieren. Dann übertreten sie einfach ungefragt die Intimsphäre von anderen, einen persönlichen Bereich, in dem sie nicht willkommen sind. Das ist hier das Thema, Grenzverletzung.

Zurück zu unserem Prozess. Gabi hat augenblicklich einen Blackout, eine mildere Form jenes Schockzustands, der sich eingangs eingestellt hatte. Mit anderen Worten: Die Situation ist immer noch so bedrohlich für sie, dass sie sich selbst nicht fühlen kann, und folglich kann sie sich auch nicht in die Spinne hineinversetzen. Um hier weiterzukommen, ist die Verbindung zu ihren Gefühlen aber unerlässlich, denn es geht ja gerade darum, emotionale Blockaden in Fluss zu bringen und aufzulösen. Darum müssen wir innerhalb des Szenarios eine Situation herstellen, in der sich Gabi so sicher fühlt, dass es ihr wieder möglich ist, zu fühlen.

Um eine Idee zu empfangen, wie wir diese Voraussetzung

am besten herbeiführen können, erneuere ich meinen Theta-Zustand, aus dem ich während meiner langen Rede eben ein wenig rausgekommen bin. Im Zustand des Quellbewusstseins bin ich wieder hochgradig konzentriert und erhalte frische Inspirationen. *[Kurze Pause]* Voilà, die Spinne ist trotz ihrer zerstückelten Energie noch zu dicht dran. Deswegen kann Gabi sie nicht emotional wahrnehmen, das wäre noch zu bedrohlich. Also müssen wir die schwarzen Flecken, die Einzelteile der toten Spinne, erst mal ganz weit von Gabi wegschicken, am besten ganz aus ihrem persönlichen Radius hinaus. Gabi, erlaube dir mal, sie so weit wegzuschicken, bis du dich wohlfühlst. Und wenn du sie auf den Mond schießt.

G: Das klingt gut.

E: Okay. Los geht's. Wenn du das Gefühl hast, Gabi, jetzt ist sie weit genug weg, dann beschreibe uns, wo du sie hingeschickt hast.

G: Raus aus der Glocke. Auch diese komischen, blöden Beine da.

E: Ach, die Spinne war in deiner Schutzglocke drin? Und du selbst auch? Wie ist sie denn da reingekommen?

G: Das Zermatschte war noch drin.

E: Oh! Gabis Grenzen sind offenbar so marode, dass auch die Schutzglocke der Spinnenenergie nicht mehr standhalten konnte. Hat die sich glatt dort eingeschlichen! Das war ja nicht im Sinne des Erfinders. Und jetzt, ist die Spinne endlich draußen?

G: Die ist weg.

E: Kannst du sie noch sehen?

G: Nee.

E: Also ganz weit weg ist sie. Puh. So, jetzt haben wir sie erst mal raus aus der Gefahrenzone.

G: Jetzt ist alles schön.

E: Jetzt ist alles schön, prima.

G: Da ist Licht drin, in der Glocke.

E: Gut.

[Pause, in der Gabi sich schnäuzt]

E: Nun müssen wir uns leider trotzdem mit der Spinne beschäftigen, wenn wir deine Angst davor bewältigen wollen. Zu eurer Information: Ich habe eine klare Wahrnehmung, wie die Spinne sich fühlt, und weiß darum, worauf ich hinauswill. Entsprechend kann ich meine Fragen gezielt darauf ausrichten. Da Gabi sich in die Spinne nicht einfühlen kann, untersuchen wir zunächst mal ihr Gefühl unter der Glocke. Möglicherweise finden wir darin das gleiche Gefühl vor wie in der Spinne. So, Gabi, du bist unter deiner Glocke, niemand ist sonst da. Die Spinne ist weit weg, aber auch alles andere ist weit weg. Wie geht es dir darin? *[Pause]*

G: Eigentlich ist es schön hier drin. Und ich sehe ein helles Licht. Wenn ich mir allerdings jetzt vorstelle, dass ich da immer allein sein müsste, dann dürften da noch welche kommen.

E: Du würdest dich einsam fühlen, wenn es immer so bliebe?

G: Wenn es immer so bleiben würde, ja.

E: Instinktiv hat Gabi in ihrer Vorstellung die Zeit vorgedreht und herausgefunden, wie sie sich auf Dauer mit dieser Situation fühlen würde. Das ist ein guter Dreh, um über die Emotionen Dynamik in eine Szene zu bringen, die ansonsten statisch wirkt. Um die Dramatik zu steigern, gehen wir in unserer Vorstellung vielleicht sogar mal ans Lebensende. Wie wäre es, wenn du bis ans Lebensende unter dieser Glocke wärst?

G: Nein, das würde ich nicht wollen.

E: Machen wir einen kleinen Test: Du weißt, irgendwo da draußen ist eine entmachtete Spinne. Wäre das immer noch besser, mit der zu reden als mit gar niemandem?

G: *[Zögern]* Da könnte ich mich jetzt noch nicht dazu entschließen.

E: Gut. Ich checke nur mal, wo deine Grenzen gerade sind. Wir müssen uns die Spinne ansehen. Wir müssen da rein. Was brauchst du, Gabi, damit es dir möglich ist, die Perspektive der Spinne anzuschauen – was für ein Gefühl brauchst du? Mit was für einem Gefühl könntest du zu ihr hingehen? Denk dran, die Spinne kann sich in ihrem zerstörten physischen Zustand selbst nicht mehr bewegen. Nur du kannst dich zu ihr hin- und von ihr fortbewegen.

G: Bestimmt bräuchte ich Stärke.

E: Gut. Würdest du dir erlauben, dass die Stärke durch dich hindurchströmt?

G: Ja.

E: Dann lassen wir jetzt Stärke, ein Gefühl von Stärke fließen, indem wir uns bewusst damit verbinden. Wir stellen uns vor, wie in Gabi ein Gefühl von Stärke wächst, das sich in ihrem gesamten Körper ausbreitet und darüber hinausgeht. Gabi gewinnt Raum durch diese Stärke, ihr persönlicher Raum wird davon ausgefüllt und ausgedehnt. Ihre starke Ausstrahlung von innen her hält ungebetene Energien auf Abstand. Es entsteht eine mächtige Schutzzone, die Gabi gegen unliebsame Einflüsse von außen abpuffert. Den ganzen Raum, den die Glocke bisher um dich herum gehalten hat, Gabi, den füllst du jetzt aus mit deiner eigenen Stärke. Und dann gehen wir mit dieser Kraft noch ein gutes Stück über die Glocke hinaus und durchströmen ihre Wände damit, sodass du selbst jetzt diese Glocke bist. Kannst du das fühlen oder wahrnehmen?

G: Ja, wunderbar.

E: Gut. Dann reichern wir das Ganze noch mit einem Gefühl von Vertrauen in diese deine Stärke an. Ich weiß, wie es sich anfühlt, aus mir selbst heraus stark und präsent zu sein und diese Stärke und Präsenz in die Welt auszustrahlen.

Wenn ich in mir selbst gegenwärtig und anwesend bin, kann niemand meine Grenzen überschreiten. – Mit dieser neuen Wahrnehmung von dir selbst bewegst du dich jetzt auf die sterblichen Überreste der Spinne zu. Wie kommt dir die Spinne jetzt vor, während du da so stark neben ihr stehst?

G: Eigentlich eine arme Socke.

E: Wärst du bereit, mit dieser armen Socke zu kommunizieren?

G: Ich kann es versuchen.

E: Die Größenverhältnisse behalten wir so bei. Du bleibst in deiner ausgedehnten, kraftvollen Position, die Spinne in ihrer entkräfteten. Sonst wird ihre Energie schnell wieder zudringlich.

G: Das ist so.

E: Also, der Spinne fehlt etwas, sie ist eine arme Socke. Ich habe das Gefühl, die möchte unbedingt etwas von dir haben, und deswegen hat sie dich so bedrängt. Wir müssen zunächst gar nicht herausfinden, was das genau ist, was sie von dir will. Wir müssen das erst mal nicht definieren. Angenommen, du hast eine Qualität, die der Spinne fehlt. Würdest du erlauben, dass die Spinne diese Qualität auch bekommt? Nicht von dir, wohlgemerkt, nicht von deiner Person ausgehend, sondern ganz allgemein, aus dem universellen Feld, aus der göttlichen Quelle heraus. Damit sie das nicht mehr von dir braucht, sondern unabhängig von dir versorgt ist.

G: Ja.

E: Okay, das würdest du erlauben. Dann lassen wir diese Qualität, diese Energie, was immer es ist, jetzt mal in diesen armen Spinnenbrocken einfließen und beobachten und spüren, wie das die Spinne verändert und in welche Richtung es sie bewegt. Was passiert durch deine Erlaubnis, das Bedürfnis der Spinne vom Quellbewusstsein aus zu erfüllen?

G: Wir gehen getrennte Wege.

E: Die Spinne geht also weiter weg von dir.

G: Ich auch. Ich gehe meinerseits weg. Das fühlt sich gut an.

E: Okay. Ähm – *[ans Publikum gewandt]* – habt ihr das Gefühl, damit ist es jetzt getan?

[Kopfschüttelndes Raunen]

G: Ich weiß, ich bin ein schwerer Fall.

E: Du bist ein interessanter Fall. Du brauchst dich nicht für deine inneren Vorgänge zu entschuldigen, deine Widerstände sind sehr gesund und veranschaulichen uns allen, wie wir mit so etwas umgehen können.

G: Es fühlt sich gerade gut an, wenn ich die da nicht mehr sehe. Sie soll alles bekommen, aber ...

E: Aber nicht mehr von dir.

G: Genau.

E: Spür jetzt mal, was es ist, was sie von dir nehmen wollte. Kannst du das wahrnehmen? Was hast du, was sie ihrem Gefühl nach nicht hat, aber dringend braucht?

G: *[flüsternd]* Ich glaube, ein Herz. *[Gabi schluchzt, hält die Luft an und atmet dann tief aus]*

E: Die Spinne braucht ein Herz. Liebe, Wärme, Geborgenheit, Zärtlichkeit.

G: Das kann sie auch alles haben, aber nicht von mir! *[Schnäuzt sich]*

E: Gabi, ich würde gerne den Fluss all dieser Dinge, die wir eben benannt haben, bewusst in deinem Herzen aktivieren. Damit du sicher sein kannst, deine Herzensenergien sind stark, und sie gehören dir. Deine Herzenswürde ist unantastbar. Wir aktivieren in dir die Erlaubnis, diese Qualitäten für dich zu behalten. Es sind deine Kräfte. Du allein entscheidest, ob und mit wem du sie teilen möchtest. *Ich darf es mir auch dann gut gehen lassen, wenn es anderen schlecht geht. Ich habe ein starkes, pulsierendes Herz voller Liebe, und ich darf diese Liebe in mir und für mich selbst spüren und verströmen.* – *[Pause]* Wie fühlt sich das an?

G: *[schwungvoll]* Sehr gut!

E: Atme mal tief durch, damit sich das integriert. *[Ans Plenum gewandt:]* Was wir jetzt gerade erreicht haben, ist eine Rückverbindung mit Gabis ureigenen Kräften, ihrer Herzensenergie. »Ich schulde der Spinne alles, was ich habe«, lautete ihre selbstquälerische Überzeugung. Die hatte sich aus dem Gefühl des absoluten Ausgeliefertseins genährt – und das haben wir eben verwandelt. Aufgrund des massiven Übergreifens der Spinne in Gabis persönlichen Bereich konnte Gabi ihr Innerstes bis dahin nur schützen, indem sie es einfror und sich selbst daraus aussperrte – eine bewährte, dissoziative Strategie.

G: Danke. Ich wusste, dass ich ein schwieriger Fall bin.

E: Du bist kein schwieriger Fall. Ich finde, du machst das sehr gut, weil du gerade sehr präsent mit deinen Grenzen bist und genau spürst, was geht und was nicht. Alles super. Wir sind aber noch nicht ganz fertig.

G: *[schnäuzt sich]*

E: Gabi hat einen ganz großen Groll gegen diese Spinne. Das äußert sich darin, dass sie die Spinne so weit von sich wegschieben musste. Der Groll schützt sie vor ihrer grenzüberschreitenden Berührung. Schauen wir mal, was aus dem Gefühl geworden ist. Stell dir vor, du hättest so einen magischen Fernscanner, eine Art Röntgengerät, mit dem du die Spinne aus der Distanz durchleuchten könntest. Kannst du mit diesem Gerät ein Herz in ihr entdecken? Oder ist die Spinne ganz und gar herzlos?

G: Ein kleines vielleicht. *[Lachen im Publikum]*

E: Ein kleines Herz, das ist es, was Gabi der Spinne zugesteht. Aber immerhin! Was müsste die Spinne tun, damit du ihr ein größeres Herz zugestehen könntest?

G: Sie müsste meine Gefühle achten und respektieren.

E: Sehr schön. Dafür braucht sie natürlich eine Wahrnehmung davon, wie sehr dich ihr bisheriges Verhalten verletzt hat. Spür mal da rüber mit deinem Fernscanner, ob sie fühlen kann, was sie da eigentlich in dir angerichtet hat.

G: Die weiß das.

E: Wie fühlt sich das für sie an?

G: Sie duckt sich und geht weg und weiß eigentlich, was sie gemacht hat.

E: Sie hat ein schlechtes Gewissen und macht sich vom Acker. Das heißt, sie ist noch nicht bereit, sich der Situation mit dir zu stellen.

G: Nein.

E: Hier scheut sich Gabi also abermals davor, tiefer in sich reinzufühlen. Wäre sie dazu bereit, wäre die Spinne in ihrer Vorstellung längst zugänglicher geworden. Ich würde den Prozess hier jetzt gerne ein bisschen abkürzen, um unsere Zeit nicht überzustrapazieren – oder wollt ihr es noch bis in jeden Winkel nachvollziehen? *[Lautstarkes Bejahen aus dem Publikum]* Ihr wollt den ganzen Film, ja?

G: Nicht, dass ich jemanden langweile.

E: Langweilig ist es überhaupt nicht, nur herausfordernd – aber das Ergebnis ist dann schließlich umso lohnender und lehrreicher. Wir haben bisher erreicht, dass du dich der Spinne gegenüber nicht mehr so ausgeliefert fühlst. Du kannst deinen Anspruch auf Respekt und Würde ihr gegenüber jetzt klar zum Ausdruck bringen und einfordern. Das ist die Voraussetzung, um nun tiefer gehen zu können. Wir wollen unter die Ebene der Schuld gelangen, denn dort spielt sich der Kernkonflikt ab.

Ich möchte noch einmal für alle nachvollziehbar erklären, was hier abläuft. Gabi fühlte sich, milde gesprochen, in ihren Bedürfnissen von der Spinne nicht respektiert. Die Spinne hat inzwischen immerhin schon mal gemerkt, dass sie Gabis Grenzen überschritten hatte. Sie verspürt darüber ein schlechtes Gewissen, ist aber noch nicht bereit, das gegenüber Gabi zuzugeben und dafür geradezustehen, sprich: Verantwortung zu übernehmen. Sie entzieht sich der Situation. Damit hat sie immerhin aufgehört, Gabi zu bedrängen. Das würde ihr auch nicht mehr so leicht gelingen, dazu ist Gabis innere Präsenz inzwischen zu stark. Aber noch immer will die Spinne die Konsequenzen ihres Verhaltens nicht fühlen. Sie verschließt sich vor Gabis Empfindungen, denn sonst müsste sie sich auch mit ihren eigenen Gefühlen auseinandersetzen und ergründen, warum sie sich Gabi gegenüber so verhalten hat. Unsere Aufgabe an dieser Stelle ist es also, die Spinne in ihr Gefühl zu bringen. Sie spüren zu lassen, wie ihr in ihrem tiefsten Innern zumute ist. Erst wenn sie an diesem Punkt der Selbstwahrnehmung angelangt ist, dann kann sie Gabi offen ins Gesicht blicken. Dann wird sie bemerken, dass ihre jeweiligen Gefühle einander spiegeln. Durch die Kenntnis ihrer eigenen Gefühle wird sie schließlich imstande sein, Gabis Gefühle zu achten. Versteht ihr das Prinzip? Respekt ist Achtsamkeit – und diese Achtsamkeit muss ich zunächst mir selbst gegenüber entwickeln, bevor ich sie wirklich und wahrhaftig auch anderen gegenüber zeigen kann.

Aktuell ist die Spinne noch in ihrem Schuldgefühl. Das ist gegenüber ihrer totalen Dissoziation zu Anfang ein erster Fortschritt, denn das Schuldgefühl bewahrt sie augenblicklich davor, Gabi weiter zu bedrängen. Energetisch sind wir mit der Spinne jetzt auf der gleichen Ebene wie vorhin mit der Gabi-Figur, nachdem sie in ihrer Verzweiflung die Spinne zerquetscht hatte und sie das Gefühl überkam, das hätte sie nicht tun dürfen. Hier laufen scheinbar konträre Ich-Aspekte nebeneinander her und nähern sich emotional allmählich einander an.

Vielleicht unterstützen wir Gabi energetisch, indem wir alle einmal in die Spinne reinfühlen. Wie fühlt sich das an, zu merken, dass man die Grenzen von jemandem überschritten hat? Ich habe jemanden verletzt und es nicht gemerkt.

Aber wenn ich ehrlich bin, habe ich es irgendwie, ganz vage, doch gemerkt – und es trotzdem getan. Wie fühlt sich das an? Spürt da mal in euch rein. Auch du, Gabi.

G: Bedürftig.

E: Sie spürt ihre Bedürftigkeit.

G: Scham.

E: Sehr gut. Scham ist das nach innen gekehrte Schuldgefühl. Damit sind wir ganz dicht an unserem Kerngefühl dran. Ich schäme mich zutiefst. Ich habe mich als so schwach, so erbärmlich und bedürftig empfunden, dass ich etwas getan habe, von dem ich wusste, dass es falsch ist. In der Scham steckt aber letztlich noch ein Funken Bewusstsein darüber, dass meine Erbärmlichkeit nicht der Wahrheit entspricht. Dass ich nicht wirklich ohnmächtig bin. Dass es meine Verantwortung ist, das, was mir gegeben ist, zum Wohle aller zu gebrauchen. Die Scham ist noch nicht das Kerngefühl, nach dem wir fahnden. Gabi, was macht das mit dir, wenn wir feststellen, die Spinne schämt sich zutiefst?

G: Ich bin schon ein bisschen wohlwollender. Ich bin dabei, ihr zu verzeihen.

E: Kannst du fühlen, dass sie sich schämt?

G: Ja.

E: Gut, denn das ist das Entscheidende, dass dieses Gefühl bei dir ankommt. Mehr brauchen wir erst mal nicht. Wir müssen nichts verzeihen. Vergebung geschieht von selbst, wenn die inneren Wunden geheilt sind. Darum müssen wir uns gar nicht aktiv bemühen. Die Scham über die eigene Bedürftigkeit zu spüren ist schon mal sehr viel. Das ist ein starkes Gefühl.

G: Das spüre ich.

E: Beinahe sind wir am untersten Ende der Gefühlsskala angelangt. Viel niedriger kann es nicht gehen. Aber noch sind wir nicht am Ziel. Bleiben wir weiterhin im Bild: Am liebsten würde die Spinne im Erdboden versinken vor Scham.

G: Ja.

E: Diesem Impuls können wir folgen. Wir können sie buchstäblich im Erdboden versinken lassen. Versuch das mal, Gabi. Lass die mal versinken, die Spinne.

G: Schon passiert.

E: Spür mal, wie sich das anfühlt, im Erdboden versunken zu sein.

G: Jetzt tut sie mir leid. So würde ich sie dann doch wieder retten wollen.

E: Da hat sich Gabi prompt wieder aus der Perspektive der Spinne rausgezogen, bevor das Kerngefühl aus dem Erdreich auftauchen konnte. Aber forcieren wir hier mal nichts, sondern gehen ganz behutsam vor. Die Spinne ist in der Erde, und Gabi empfindet Mitleid für sie. Das heißt, hier entsteht ein Kontakt zwischen beiden Figuren, eine Herzensverbindung. Wie würdest du der Spinne gerne helfen? Was für ein Gefühl bräuchte sie, damit sie sich ein bisschen besser fühlt?

G: *[haucht]* Vielleicht braucht sie ein bisschen Anerkennung und Liebe.

E: Dafür musst du ihr noch immer nicht persönlich begegnen. Du kannst ihr diese Gefühle telepathisch übertragen. Würdest du sie ihr durch einen Fernkanal zuschicken?

G: Durch den Fernkanal, ja.

E: Okay. Machen wir das mal. Die Spinne bekommt Anerkennung und Liebe unter der Erde. *[Pause]*

G: *[atmet aus]*

E: Hast du das Gefühl, die kann das annehmen, die Spinne?

G: *[nickt]*

E: Okay. Wenn sie das nicht könnte, wenn die Spinne den Zustrom dieser Gefühle abblocken würde, dann wäre da noch Groll in Gabi. Das heißt, der Kanal zu diesen Gefühlen wäre in Bezug auf diesen Konflikt unterbrochen. Aber sie kann das Gefühl annehmen. Wie fühlt sich das an für dich, dass sie das annehmen kann?

G: Ganz gut.

E: *[Pause]* Darf sie, die Spinne, aus ihrem Loch hervorkriechen?

G: Ja.

E: Immer schön auf Abstand. Aber sie darf hervorkriechen. Wenn du jetzt zu ihr rüberschaust und dir vorstellst, sie hätte Augen.

G: *[heiser]* Traurig.

E: Gabi hat bei der Vorstellung eben ein bisschen gezuckt, aber dass die Spinne Augen hat, ist für sie okay. Die Spinne guckt also traurig. Was fehlt ihr noch? Warum ist sie traurig?

G: Ich glaube, sie möchte mit mir in Kontakt treten.

E: Möchtest du das auch?

G: Nein.

E: Okay. Gabi darf dazu Nein sagen. Sie ist wirklich sehr präsent. Sie nimmt klar wahr: bis hierhin und nicht weiter. Das ist super. Der direkte Kontakt soll also nicht sein. Wie würde sich die Spinne fühlen, wenn sie Kontakt zu dir hätte, in ihrer Fantasie? Was hätte sie davon, was sie jetzt nicht hat?

G: Ich denke mal, Frieden mit mir.

E: Denn was macht ihr Unfrieden?

G: Dass ich sie nicht in meiner Nähe haben will.

E: Dass du sie ablehnst?

G: Ja.

E: Wie fühlt es sich an, abgelehnt zu werden?

G: *[haucht]* Schlecht.

E: *[mitfühlend]* Kennst du das Gefühl, abgelehnt zu werden?

G: *[nickt]*

E: Wie fühlt sich das an, abgelehnt zu werden? Lass das

Gefühl mal in dir entstehen und setz dich ihm einen Moment aus.

G: *[flüstert]* Es tut weh. *[Sie weint, atmet aus.]*

E: Gib dich da richtig rein in das Gefühl, wie weh es tut, abgelehnt zu werden.

G: *[atmet laut]*

E: Wo tut es am meisten weh?

G: *[schnauft]* Ich bin aber klein.

E: Du bist klein.

G: Ich bin ein Kind. Ein ganz kleines.

E: Und wirst abgelehnt von der Mutter.

G: Ja.

E: Das Gefühl war von Anfang an sehr deutlich, dass es um die Mutter geht. (Aber ich nenne das so lange nicht beim Namen, bis der Klient es von selbst anbietet oder, wie hier, im Begriff ist, das zu tun.) Die Mutter, die nicht wahrnimmt, wer du eigentlich bist, was du brauchst. Die nur ihren eigenen Mangel spürt und dich aus diesem Gefühl vereinnahmt.

G: *[schnauft]* Aber gewaltig.

E: Das ist das Muster.

G: *[schnieft und schnupft]*

E: Eigentlich fühlt sie sich selbst abgelehnt. Das ist das Trauma der Mutter, und weil das so ist, kann sie ihre Tochter nicht auf eine gesunde Weise annehmen. Würdest du erlauben, Gabi, jetzt, da du noch einmal mit vollem Bewusstsein fühlen konntest, wie schmerzhaft das ist, abgelehnt zu werden, dass deine Mutter das Gefühl, angenommen zu sein, spüren darf?

G: Ja.

E: Dann lassen wir jetzt mal die Spinne beiseite und wenden uns der echten Mutter zu. Das können wir tun, weil wir das von Gabi eben angeboten bekommen haben.

G: Die ist nicht mehr da.

E: Deine Mutter lebt nicht mehr?

G: Nein.

E: Das spielt für diese Arbeit keine Rolle. Wir verbinden uns trotzdem mit ihr – es geht ja um deine innere Mutter, um das Bild, das du von ihr verinnerlicht hast. Stell dir mal deine Mutter vor – was immer jetzt für ein Bild von ihr auftaucht. Sie bekommt jetzt ein Gefühl von Anerkennung und Wertschätzung und Liebe; ein Gefühl, in dem enthalten ist: Ich sehe dich, ich sehe dich in deinem Sein, in deiner Eigenheit, in deiner Not, ich sehe, was du für einen Schmerz erlitten hast. Schau mal und spür mal, ob deine Mutter das annehmen kann.

G: Ich bin mir nicht sicher.

E: Was bräuchte sie, um es annehmen zu können?

G: Liebe *[seufzt]*.

E: Das Gefühl, dass ihr diese Liebe wirklich gebührt.

G: Ich habe Mitleid mit ihr.

E: Hm.

G: Sie ist so …

E: Was ist das für ein Mitleid?

G: Das ist ein Mitleid, hm … ja, ich habe das Gefühl, ihr Herz ist so gebrochen, dass sie selbst nicht lieben kann. Und bin aber selbst glücklich, dass mir das nicht passiert. Ich kann lieben, aus tiefstem Herzen. Ich habe mit ihr Mitleid, weil ich das Gefühl habe, sie kann nicht mehr lieben.

E: Ich habe das Gefühl, das Mitleid ist uns gerade eine Hürde. Könntest du deiner Mutter erlauben, liebesfähig zu sein?

G: Auf alle Fälle. Aus vollem Herzen.

E: Das ist jetzt nämlich eine Art von »Das packst du eh nicht«, so ein bisschen herablassend. Mitleid hat immer auch etwas Degradierendes, es bestätigt die Opferhaltung des anderen. Es ist kein wirkliches Mitgefühl, das sich mit dem anderen auf Augenhöhe verbindet. – Wenn wir diesen letzten Abstandhalter von Gabi ihrer Mutter gegenüber jetzt einfach mal rausnehmen und wir davon ausgehen, die Mutter bekommt ihr zerbrochenes Herz repariert – dann befähigen wir sie, lieben zu können. Wenn du ihr das zugestehen würdest, Gabi, dann würde es funktionieren.

G: Ich gestehe ihr das zu.

E: Jeder Mensch hat die Fähigkeit zu lieben. Das gibt es gar nicht, dass das nicht geht. Es geht nur darum, uns das zu erlauben. Wir beobachten jetzt, wie das Herz der Mutter durch ein höheres Bewusstsein geheilt wird, das können wir uns bildlich vorstellen. Wir lassen ganz viel Licht in das Herz fließen. Und das Gefühl, ich darf lieben. Nicht nur: Ich werde geliebt. Ich darf selbst lieben. *Ich weiß, wie sich das anfühlt*, jetzt kommt es, das ist der Schlüssel, *aus ganzem Herzen zu lieben*. Ich weiß, wie sich das anfühlt, aus vollem Herzen mein Kind zu lieben. Solange das Herz der Mutter nicht erfüllt, sondern von Mangel geprägt war, konnte sie nur ihr einschnürendes Liebesbedürfnis zum Ausdruck bringen. Aber jetzt lernt sie, wie es ist, ihre Tochter wirklich zu lieben. Spür mal, Gabi, wie sich das anfühlt für deine Mutter, wenn sie endlich die Erlaubnis und die Befähigung erhält, ihr Kind zu lieben.

G: Sie lacht.

E: Und würdest du dich als ihr Kind von ihr lieben lassen?

G: Ja. *[Lautes Vogelzwitschern von draußen – eine filmverdächtige Synchronizität]*

E: *[Kunstpause]* Kannst du dir vorstellen, dass sie dich in den Arm nimmt?

G: Macht sie gerade.

E: Wie fühlt sich diese Umarmung an?

G: Sehr schön.

E: Das ist eine ganz andere Umarmung als das Einschnüren der Spinne am Anfang. *[Pause]* Jetzt machen wir noch mal einen Switch zu der Spinne, die vorhin so traurig geschaut hat. Guck mal, wie die jetzt dreinschaut.

G: Die lächelt jetzt.

E: Und wo möchte die Spinne jetzt hingehen?

G: Schon wieder zu mir. *[Lachen im Publikum]*

E: Ich habe aber das Gefühl, mit einer anderen Energie. Nicht mehr »bitte, bitte«, sondern »danke«. Die möchte sich bei dir bedanken. Ich sehe sie gerade einen kleinen Knicks vor dir machen mit ihren hässlichen Beinen. *[Lachen im Publikum]* Sich vor dir verbeugen und echte Wertschätzung zum Ausdruck bringen, echte Dankbarkeit, echtes Sehen, Anerkennen, was hier passiert ist. Kannst du das zulassen?

G: Ja.

E: Gut. Musst sie nicht anfassen.

G: Okay.

E: Spinne bleibt Spinne. Sie ist kein Kuscheltier.

G: Ist okay, ich kann schon einmal draufgucken.

E: So, jetzt integrieren wir diese Verwandlung in das gesamte Zellsystem und in jeden Bereich von Gabis Leben und harmonisieren sie mit sämtlichen heilsamen Veränderungen. Es ist unheimlich viel passiert. Das reicht erst mal. Es wird noch weiter in ihr arbeiten. – Wenn ich ganz gemein wäre, könnte ich jetzt einen kleinen Test machen.

G: Nicht mit der Spinne!

E: So gemein bin ich auch wieder nicht. Aber die Vorstellung, da draußen läuft jetzt im Treppenhaus so ein Spinnchen herum ...

G: Ein *Spinnchen* würde vielleicht gehen. *[Lachen im Publikum]*

E: Das geht, dir das vorzustellen, ohne dass dir jetzt komisch wird?

G: Ja, das ist okay.

E: Gut. Weiter müssen wir erst mal nicht ran. Das muss dein Zellbewusstsein erst mal verarbeiten. Ich kann dir von einer meiner Assistentinnen erzählen, die zeit ihres Lebens beim Anblick von Spinnen ähnlich unter Schock stand wie

du. Die hat da eine ganze Weile immer wieder dran gearbeitet. Inzwischen hat sie den Härtetest bestanden: Sie hat sich eine Tarantel auf die Hand gesetzt und sich zum Beweis damit fotografieren lassen. Seither ist es gut. Sie kann jede Spinne anfassen, auch dicke Klopper, und sie aus ihrem Haus hinausbefördern. Und mehr noch: Die Spinne ist jetzt ihr Krafttier. Beflissen spinnt sie ihren Lebensfaden und vermittelt ihr die Kunst des Netzwerkens. – Das Kernthema, das sich heute für Gabi in der Spinne symbolisiert hat, war ihr Mutterkomplex. Ich danke dir, Gabi, für diese wahrlich aufregende Session – und herzlichen Dank auch ans Auditorium für eure Aufmerksamkeit, ihr ward spitze! *[Applaus]*
G: Dann danke ich dir auch ganz herzlich.

Einige Wochen nach dem Seminar erfuhr ich von Gabi, dass ihre Phobie vor Spinnen als solche noch nicht aufgelöst war. Dafür hat sie seither einen großen Zulauf zu ihrer Coaching-Praxis und erzielt mit *ThetaFloating* tiefgreifende Erfolge. Die Arbeit bereitet ihr große Freude. Mit besonderem Interesse widmet sie sich darin den Kontrollmustern, die sich hinter Phobien verbergen.

7. Beispiel: Carla
Die Demo-Session mit »Carla« (51) findet während eines Seminars in Berlin mit vierzig Teilnehmern statt. Ihr Dilemma schildert sie folgendermaßen:

C: Ich bin gnadenlos überlastet, stelle ganz viele Ansprüche an mich selbst, lade mir sehr viel auf, bewältige das auch, aber mein Körper zeigt alle möglichen Symptome. Und jetzt, so im November, Dezember, da war es kurz davor zu sterben, ich hatte ein richtiges Burnout mit ganz extremen Problemen. In meinem Alltag hat sich das so gezeigt in den letzten fünfzehn Jahren, dass ich einen Partner habe, der, was

Finanzen angeht, sehr wenig übernommen hat. Wir haben ein gemeinsames Kind. Ich hatte dann auf allen Ebenen die Aufgaben zu erfüllen, hab das auch geschafft – und allen geht's fantastisch, nur mir nicht. Und ich frage mich dann schon, warum. Ich bin an einem Punkt, wo ich mir so egal bin. Ich denke, das Ego ist ja nicht wichtig. Ich laufe immer wieder in diesen Punkt hinein, und ich habe in den letzten sieben Jahren vierzig Kilo zugenommen. Und da merke ich, ich habe mir was draufgepackt, und es ist jetzt an der Zeit, das zu ändern.

E: Also, du möchtest es loslassen, was du dir da alles aufgeladen hast. Dieser Satz »Das Ego ist unwichtig« ist natürlich totaler Quark. Wir wären nicht mit einem Ego geschaffen worden, wenn es unwichtig wäre. Als Personen können wir unsere Individualität zum Ausdruck bringen, haben aber eben auch Bedürfnisse, und diese müssen erfüllt sein, damit wir gesund sind. Mal schulmeisterlich gesprochen: Erst wenn die eigenen Bedürfnisse erfüllt sind, hast du genügend Substanz, um deine Energie überfließen und andere daran teilhaben zu lassen. Zu geben ist nur dann gesund, wenn es aus der Fülle heraus stattfindet. Solange du im Mangel lebst, verausgabst du dich, wenn du anderen nur gibst, und dann fühlt es sich an wie Aufopferung.

C: Ich möchte noch etwas ergänzen: Genau mit diesem Satz beschäftige ich mich seit langer Zeit: »Ich spüre meine Bedürfnisse und verwirkliche sie auch.« Dieses Gespür zu haben oder es zu kommunizieren ist gar kein Thema. Ich kann das alles wunderschön auf den Tisch packen, aber ich handle dann nicht entsprechend für mich. Ich gehe nicht los und suche mir einen Schutzraum, sondern ich bleibe da und gebe weiter und hoffe, dass die Liebe das alles schön auflösen wird.

E: Okay so weit. Dann gehe ich jetzt in den Theta-Zustand und rufe mir dazu ein Bild auf, das uns weiterhilft, das Problem aufzulösen. *[Kurze Pause]*

Also, die ganze Szenerie sieht recht offen aus, da sind Komponenten, die noch sehr schwammig sind, und andere, die schon schärfere Konturen haben. Ich beschreibe jetzt einfach mal, was ich schon benennen kann. Und zwar sehe ich Carla wie Atlas mit der Welt auf den Schultern gebückt dastehen. Dazu ist ihr Gefühl spürbar, dass die Welt auf den Schultern noch nicht genug ist. Um sie herum liegen Gesteinsbrocken, die sie eigentlich auch noch schultern müsste, Lavagestein und alle möglichen anderen Dinge. Diese Bürden werden ihr von einer großen Hand, die irgendwo aus dem Himmel kommt, aufgeladen, sodass sie eigentlich nur noch kriechen kann und auf ihrem Rücken auch gar nicht mehr genügend Platz hat, um all das zu tragen, was ihr da von dieser Hand zugemutet wird. Wenn ich in die Hand hineinspüre, habe ich das Gefühl, es ist die Hand Gottes, jedenfalls geht sie von einer spirituellen Instanz aus. Carla begreift diese Hand dem Bild nach als spirituelle Autorität. Natürlich wissen wir, dass eine so tyrannische Hand nur eine Karikatur von Gott sein kann, aber dieses Verhältnis entspricht Carlas innerer Vorstellung – nicht unbedingt ihrem Verstand nach, aber auf jeden Fall emotional. Und dann sehe ich noch eine andere Figur oder einen anderen Aspekt von Carla, der ist wie ein kleines Kind. Jetzt berührt mich das zutiefst, wenn ich es beschreibe. Das Kind sitzt in einem kleinen, dunklen Loch und weint und schluchzt ganz fürchterlich; es wird jedoch überhaupt nicht gesehen und wahrgenommen. Das ist das Bild. Es ist deutlich zu spüren, wie stark Carla mit dem Bild in Resonanz geht *(Carla nickt und ist sichtlich angerührt von meiner Schilderung – wir sind im Rapport)*.

So, nun haben wir also das Bild kommuniziert, und jetzt gehe ich als Moderatorin noch ein zweites Mal in das Bild hinein, diesmal mit der inneren Fragestellung: Was machen wir jetzt mit dem Bild? Was ist der erste Schritt, mit dem wir das Bild auf seine emotionale Dynamik hin erkunden können, um anschließend daran herumzubasteln und etwas zu verändern? Um es noch einmal deutlich zu beschreiben, das Bild zeigt zwei Leidtragende, das weinende Kind und die Figur, die so schwer beladen ist – das ist die Protagonistin, mit der Carla sich in ihrem bewussten Erleben identifiziert. Außerdem haben wir noch eine dritte Figur, nämlich den Antagonisten, der ihr all diese Bürden auflädt: diese gewisse spirituelle Autorität.

Diesen Antagonisten, also die Figur, die der Protagonistin das Leiden zufügt, nehmen wir grundsätzlich stärker in den Fokus als die Opferfigur selbst, die augenscheinlich Leidtragende, über welche die unmittelbare Identifikation läuft. Denn beim Antagonisten handelt es sich ja um ebenjenen verdrängten, verdammten Anteil, der uns in seiner Verbannung das Leben schwer macht. Da stellt sich die Frage: Was hat diese Figur für eine Motivation, sich so negativ zu verhalten, warum ist sie so? Wäre sie integer, müsste sie doch eigentlich sehen, dass bei Carla nichts mehr aufzuladen ist, dass sie schwer genug an der Welt trägt. Und wenn diese Hand wirklich die Hand Gottes, des Allmächtigen, Allgütigen, wäre, dann würde er doch auch das weinende Kind sehen und es nicht vernachlässigen. Das heißt, da ist irgendetwas faul an der Darstellung.

Ich verzichte jetzt darauf, Carla zu fragen, wie es sich anfühlt mit dieser Last auf der Schulter, denn ich spüre, dass sie sehr präsent ist in ihren Gefühlen. Sie hat ja auch schon sehr gut beschrieben, wie ausgebrannt und vom Sterben bedroht sie war, als bei ihr überhaupt nichts mehr ging. Und jetzt ist meine Frage innerlich: Wie gelingt es uns, den Antagonisten aufzudröseln? *[Kurze Pause, in der ich noch einmal im Stillen das Bild befrage, um eine Idee zu bekommen, wie wir als Nächstes vorgehen]*
Vielleicht basteln wir Carla in diesem Szenario mal ein

Paar Stielaugen, denn sie kann sich ja in ihrer gebückten Haltung nicht umdrehen, um das Wesen anzuschauen, das ihr mit seiner überdimensionalen Hand alles Mögliche auflädt. Aber wir könnten ihr Stielaugen geben, mit denen sie um die Ecke sehen und das spirituelle Wesen anschauen kann. **Da wir beim *Symboling* von surrealen Szenarien ausgehen, können wir durchaus kreativ sein und fantastische Werkzeuge benutzen, um unser Bild zu erforschen und uns darin zu bewegen. Die Offenbarung einer solchen Möglichkeit kann auch unseren Übungspartner dazu inspirieren, selbst kreative Lösungen zu finden.** Versuch mal, das Wesen zu beschreiben, wie es aus deiner Perspektive aussieht, Carla. *[Pause, Carla weint, während sie die Energie des Bildes erkundet]*

C: Das ist eine riesenhafte weibliche Urfigur, eine tragische Figur, die sich als Göttin der Gerechtigkeit aufspielt. Die hat einen unglaublichen Zorn und eine große Gier.

E: Sie kann gar nicht genug kriegen davon, dir Lasten aufzubürden.

C: Ja.

E: Und sie ist zornig, das ist schon mal eine sehr interessante Information. Sie ist weiblich, da kommen der Psychoanalytikerin in mir natürlich gleich Assoziationen. Ich verzichte aber auf einen Kommentar dazu. *[Lachen im Publikum]* Versuch doch tatsächlich mal, dich in diese Göttin der Gerechtigkeit, wie du sie genannt hast, hineinzuversetzen, als wärst du sie und würdest mit diesem Zorn, mit dieser Power das tun, was du eben tust. Versuch mal zu spüren, wie sich das anfühlt.

C: Da würde nichts mehr übrig bleiben.

E: Das heißt, du würdest einfach alles zerstören?

C: Ja.

E: Mitsamt dir, Carla, die du die Lasten trägst, aber auch mit dem Kind da in der Ecke, das würdest du einfach – *wumm!* – wegschaffen.

C: Gnadenlos!

E: Gnadenlos. – Okay, das wäre die erste Intervention in diesem Bild. Die Zerstörung ist vollbracht. Jede Veränderung des Bildes verändert auch die beteiligten Emotionen. Darum müssen wir nun die emotionale Veränderung nachvollziehen, die sich mit der Zerstörung eingestellt hat. Wie fühlt sich das an, wenn alles weg ist? *[Pause]*

C: Alles ist Wüste.

E: Und du bist als Göttin der Gerechtigkeit ganz allein in der Wüste? Oder bist du selbst die Wüste?

C: Alles ist leer.

E: Alles leer.

C: Einsam auf jeden Fall. Mir liegen Lasten auf den Schultern.

E: Aha, jetzt trägt auch die Göttin Lasten. Sie ist einsam und verlassen. Da ist niemand mehr, nichts und niemand. Kein Wesen ist mehr da, dem sie ihre Last aufbürden kann. Sie ist jetzt ganz allein damit. Und das ist ja genau dein Lebensgefühl.

C: Ja.

E: Wir sind jetzt sehr tief gekommen. Ihr merkt an Carlas Ausdruck und ihren Tränen, dass sie ganz unten in ihrem Kerngefühl angekommen ist. Das Gefühl der gottverdammten Verlassenheit ist für sie nicht mehr zu unterbieten. Außerdem ist sie nach ihrem blindwütigen Zerstörungsakt scheinbar allein auf der Welt. Auf den ersten Blick scheint unsere duale Figurenkonstellation aufgehoben. In der Antagonistin offenbart sich das Kerngefühl, das auch die zersprengte Protagonistin in sich trug. Mit dieser Erkenntnis, die wir wohlgemerkt nicht mit dem Verstand, sondern über das Gefühl gewonnen haben, sind die beiden Hauptfiguren eins geworden – das abgespaltene Wesen, die feindliche Übermacht, ist integriert. Dies ist der erste Durchbruch im Heilungsverlauf. Aber wir sind noch nicht fertig, denn wenn wir genau hinschauen, gibt es da doch noch eine weitere, bedeutsame Figur, die ich eingangs gar nicht als solche benannt hatte, weil sie nicht lebendig schien – nämlich die Last, die die einsame Göttin auf den Schultern trägt.

Ich habe eine Idee: Was wäre, Carla, wenn du durch diesen Wüstenboden hindurchsinken würdest, während die Lasten oben blieben. Stell dir vor, du könntest einfach durch den Boden durchrutschen.

C: Dann müsste ich mich erst mal wieder dünn machen.

[Lachen im Publikum]

E: Kannst du ja! Im Reich der Fantasie brauchst du dafür keine Diät. Du machst dich ganz leicht und dünn und rutschst einfach durch den Boden. Die Lasten bleiben erst mal oben liegen. Wo kommst du jetzt an?

C: Da sind so kleine elfische Wesen unten im Erdreich, die sind sehr freundlich.

E: Bei denen bist du also willkommen, bei diesen filigranen, leichten Wesen, die überhaupt keine Schwere oder Belastung haben.

C: Genau.

E: Mit diesem Trick, durch den Boden zu sinken, haben wir nicht nur bewirkt, dass Carla kurz und schmerzlos durch die Gefühlsschicht der Verlassenheit hindurchsinken und sich auf diese Weise davon befreien konnte. Der schnellste Weg heraus führt mitten hindurch. Wir haben sie, sozusagen geografisch, von ihren Lasten entfernt, und aus dieser sicheren Distanz heraus können wir die Lasten jetzt als Gegenüber betrachten, um die emotionale Ladung zu erkunden, die darin enthalten ist.

Wir brauchen beim *Symboling* immer zwei Figuren, um die energetische Blockade besser konfrontieren und ihre emotionalen Motive untersuchen zu können. Falls wir in unserem Szenario auf den ersten Blick nur ein einzelnes Wesen entdecken können, suchen wir dessen Umgebung nach

einem zweiten ab. Notfalls personifizieren wir ein Objekt daraus, so wie wir das jetzt mit den Lasten tun werden. Irgendetwas bietet sich da eigentlich immer an. Selbst wenn ihr eine vollkommen entblößte Person in einer Blackbox sehen solltet, dann könnt ihr fragen, wer außerhalb der Box ist – und wie sich das anfühlt, von diesem Subjekt isoliert zu sein. Die Dualität spielt sich niemals im Vakuum ab. Die vollkommene Einheit oder Leere ist dem Quellbewusstsein vorbehalten. Auf der Ebene der Person weist ein Gefühl von Leere im Sinne von Fühllosigkeit dagegen immer auf einen apathischen, also dissoziierten Zustand hin.

Zurück zu Carla. Ihre Lage ist gerade sehr konstruktiv. Sie ist jetzt in einer unterirdischen Parallelwelt angekommen, im Reich der Elfen, und kann sich von dort aus, geborgen im Schutz ihres Wohlwollens, mit dem Quälenden konfrontieren, das sie an der Erdoberfläche zurückgelassen hat. Natürlich fühlt sich hier bei den Elfen zunächst alles schön an – aber die Session ist erst rund, wenn wir restlos integriert haben, was Carlas Lebensenergie zuvor unterhöhlt hat. Das Elfenreich ist nicht die endgültige Lösung der Blockade, sondern nur ein Exil, von dem aus Carla sich für weitere Konfrontationen wappnen kann.

Carla, jetzt hast du in den Elfen lauter kleine Helferlein und gute Geister gefunden, die dich umgeben und unterstützen und durch deren Anwesenheit du vor allem nicht mehr allein bist. Setz mal wieder deine Stielaugen auf und schiebe sie durch den Boden, sodass du dir von dieser sicheren Warte aus die Lasten anschauen kannst, ohne Gefahr zu laufen, von ihnen wieder erdrückt zu werden. Angenommen, diese Lasten wären Wesen, die fähig sind, zu fühlen: Wie geht es denen damit, dass du sie einfach so im Stich gelassen hast und durch die Erde abgetaucht bist? Wie sehen sie aus, was haben sie für eine Form, was für einen Ausdruck?

C: Das sind viele leidende Menschen. Und sie sind auch

körperlich versehrt. Die sind vielleicht gefoltert worden und haben seelische Schmerzen. Es sind aber auch kleine Kinder, die im Stich gelassen wurden.

E: Also ein ganzes Kollektiv aus leidenden Figuren, die Verschiedenes erlebt haben, Folter, verlorene Kinder – das gesamte Leidensrepertoire der Menschheit in komprimierter Form.

C: Aber auch eine alte Hexe sitzt da. Die Großmutter ...

E: Deine Großmutter?

C: Ja, die Mutter meiner Mutter.

E: Aha, also haben wir auch ein explizit biografisches Element in unserem Bild. Eine böse alte Hexe, die mitten im Wald des Leidens sitzt. Die behalte ich mal im Hinterkopf. Zunächst interessiert mich das Verhältnis von Carla, die im Elfenreich weilt, zu diesem ganzen Leid der Menschheit. Da hat sie sich natürlich ganz schön viel aufgebürdet mit ihrer Verpflichtung, das Leid der Menschheit zu tragen. Das ist auch ein klassisches Problem bei Menschen, die in helfenden Berufen arbeiten, gerade auch im spirituellen Bereich. Atlas mit der Welt auf dem Rücken ist ja als Sagengestalt tatsächlich ein Archetyp.

C: Ich arbeite auch als Psychotherapeutin.

E: Dachte ich mir.

C: Das Bild ist ganz schön. Da unten liege ich wie Schneewittchen im gläsernen Sarg. Da ist so eine Ruhe. Der Tod ist etwas Schönes. Ich bin da unten, von diesen kleinen Wesen fühle ich mich getragen, das ist ein Bild der Ruhe.

E: Jetzt kommen ja richtige Märchenmotive hinzu. Die kleinen Wesen sind die Zwerge, und die böse Hexe, die da oben sitzt, ist vermutlich die böse Stiefmutter, die Schneewittchen den vergifteten Apfel gegeben hat. Solche Archetypen sind tief in unserer kollektiven Seele verwurzelt. Wir wollen jetzt aber nicht interpretieren, wesentlich ist das erlösende Gefühl des Todes im gläsernen Sarg, dazu das Gefühl, von den Zwergen oder Elfen umgarnt und umsorgt zu sein. Eine wirklich edle Art, dich zu regenerieren. Durch das Gefühl, willkommen und wertgeschätzt zu sein, füllen sich deine Ressourcen wieder auf. Wenn du jetzt durch diesen Glassarg in die obere Ebene schaust, wo all das Leid ist: Was macht das von dort aus mit dir? Beeindruckt dich das Leid da oben, wirst du unruhig bei seinem Anblick oder kannst du es dort sein lassen und deine Ruhe genießen? Was passiert in dir bei dieser Konfrontation?

C: Jetzt werde ich gar nicht unruhig dabei.

E: Das Leid ist eben einfach da.

C: Ich muss da jetzt nicht hingehen und darauf einwirken. Ich kann ein paar Strahlen hochschicken, aber das reicht. Mehr möchte ich mich da nicht einmischen.

E: Gut, dann stellen wir uns vor, wie du Strahlen durch die Erde nach oben schickst. Beobachte mal, ob sich diese ganzen Leidensgestalten dadurch verändern. Ob sie vielleicht blasser werden ...

C: Blasser, aber auch stumm. Sie werden stiller, aber auch blasser.

E: Okay. Und jetzt interessiert mich dazu die Hexe – wie sieht sie aus? Hat die auch etwas vom Strahl abbekommen? Oder durfte sie nichts von diesem Licht haben?

C: Nee, die steht da jetzt nicht neben den anderen Leidensfiguren, die Hexe. Die sieht aus, als würde sie suggerieren, dass sie über alle triumphiert.

E: Worüber triumphiert sie?

C: Sie sagte gerade, das hat sie doch gleich gesagt, dass sie alle vernichten kann. Sie hat Macht über die anderen. Sie ist allein übrig geblieben.

E: Also, die Leidenden sind jetzt zur Unkenntlichkeit verblasst, und sie ist als Einzige übrig?

C: Und ihr geht's gut, hahaha, lacht die alte Hexe.

E: Hat die Hexe für dein Gefühl Ähnlichkeit mit der Göttin der Gerechtigkeit, mit dieser Art von Zerstörungswut?

C: Die ist irgendwie anders.

E: Sie ist eher triumphal als wütend.

C: Die Hexe, das ist eine ganz andere Erscheinung. Die Göttin hatte eben auch etwas Göttliches. Die Hexe hingegen ist niederträchtig.

E: Hat sie ein offen eingestandenes Bedürfnis? Oder ist sie einfach zufrieden mit ihrem gehässigen Triumph?

C: Nee, jetzt hab ich gerade das Gefühl, sie dreht sich um und geht weg.

E: Wo geht sie hin?

C: Sie geht in die Wüste hinein. Ich weiß nicht ... sie geht so ihrer eigenen Wege.

E: Okay, das könnte ein Hinweis sein, dass sich da gerade etwas löst in Carla, dass die Figur plötzlich einfach weggeht. Es könnte aber auch sein, dass Carla die Hexe aus ihrer Ablehnung heraus unwillkürlich in die Wüste geschickt hat. Allerdings habe ich das Gefühl, dass sie eigenständig weggegangen ist.

C: Ja.

E: Fühlt sich eigentlich ganz friedlich an, oder?

C: Ja.

E: Jetzt ist alles wieder leer, die Wüste ist leer, die Leidensgestalten sind weg.

C: Die Kinder sind wie tot, die haben keine Energie mehr.

E: Dazu eine wichtige Bemerkung: Auch wenn es das Leid in der Welt ja zweifellos gibt, sind diese Leidensgestalten in Carla Schimären. Die können ruhig verschwinden, denn sie haben in ihrer Art, wie sie Carla bedrängt haben, keine psychische Wahrhaftigkeit mehr.

Ihr dürft niemals ein Wesen wegschicken in dem Versuch, es loszuwerden – das würde nicht funktionieren. Ablehnung erzeugt Gegenwehr – wenn nicht in explizit aggressiver Form, dann in Gestalt eines Opfers, das über die Mitleidschiene Schuldgefühle in euch erzeugt und euch aus-

saugt. Aber wenn ein Wesen von sich aus verschwindet, nachdem ihr in Kontakt mit eurem Kerngefühl wart, ist das ein gutes Zeichen, dass sich seine Energie in euch aufgelöst hat. In so einem Fall dürft ihr nicht versuchen, die Figur wieder zu füttern, in der Annahme, ihr müsstet ihr Bedürfnis stillen. Was weg ist, ist weg. Wenn eine Figur ihrem Wesen nach wirklich gestorben ist, dann braucht sie auch nichts mehr.

Wir prüfen hier mal gleich, wie tot die Leidensgestalten wirklich sind. Wenn sie nur scheintot sind, werden sie früher oder später wieder aufkreuzen und ihren Tribut fordern. Darum interessiert mich zunächst, wie sich dein Zustand, Carla, unter der Erde verändert hat, nachdem die Wesen oben blasser geworden sind. Eben lagst du noch in dem Glassarg und hast dich dort von deinen Strapazen erholt. Wie fühlst du dich jetzt?

C: Ich habe das Gefühl, ich möchte wieder nach oben, und ich möchte Wasser haben.

E: Die Wüste wieder bewässern und nicht mehr abgetaucht sein, sich nicht mehr rausziehen aus der Welt, sondern wieder daran teilhaben, mit Wasser, mit Lebenskraft versorgt sein. Dann steig mal auf in die Wüste und lass das Wasser sprudeln und eine Oase entstehen, eine Oase des Wohlfühlens und Am-Leben-Seins. Erlaube dir, wieder voll und ganz teilzuhaben und dich wie eine Blüte in der Wüste zu öffnen. Den Regen und den Tau in dich aufzunehmen und alles Gute, was das Leben zu bieten hat. Erlaube dir, dich vom Leben segnen zu lassen. Und atme ganz, ganz tief.

[Längere Pause, während derer ich die angesprochenen Energien in Carla in Ruhe entstehen und wachsen lasse; sie weint dabei vor Erlösung und beschreibt mit dünner, für das Plenum kaum vernehmbarer Stimme, wie sich das Bild in ihr verändert.] [...] Was möchtest du sagen? [...] Ich übersetze es jetzt mal für euch: Sie ist aus dem Glassarg aufge-

stiegen, mitten in die Wüste, und hat eine grüne Pflanze gefunden, die sie berühren kann und die ganz zart ist.

C: Eine weiße Blüte.

E: Weiß, in strahlender Reinheit, zart und klein. Und diese Blüte ist ganz kostbar. Das ist deine Lebensblüte, deine Wohlfühlblüte.

C: Um die möchte ich mich jetzt kümmern.

E: Das ist jetzt nicht mehr ein Kümmern im Sinne von Kummer und Leid für Andere tragen, sondern das ist jetzt etwas Eigenes, worum sie sich kümmert: ihre frisch gewonnene Lebenskraft. Es ist etwas ganz Zartes. Das ist schön, wie du das wahrnimmst, dass es etwas ganz Zartes, Filigranes, Verletzliches ist, etwas, das deiner Zuwendung bedarf und ganz viel Obacht und Achtsamkeit erfordert. Dieses Symbol kannst du nun auf Händen tragen und dich immer wieder damit verbinden, um seine Energie in dir zu stabilisieren. Du kannst es auch als Schutzemblem verwenden, wenn dein altes Muster versucht, dich zurückzupfeifen. Das integrieren wir jetzt ganz fest in dein Zellsystem und harmonisieren dich mit allem, was sich energetisch durch diesen Prozess in dir verwandelt hat.

Das ist die Lösung. Wenn ihr nachher mit jemandem arbeitet, dann könnt ihr ihn im Moment der Verwandlung die neuen Energien auch mit ganz viel Ruhe fühlen lassen, sodass sich das Ergebnis ein bisschen bei ihm setzen kann. Und ihr profitiert auch immer selbst von der Transformation eines anderen. Auf der Ebene der Kerngefühle sind wir alle eins.

C: Danke schön! *[Ihr Gesicht ist weich und strahlend geworden]*

E: Danke dir für diese schöne Bilderreise!

8. Beispiel: Melanie

»Melanie« (24) meldet sich für eine Demo-Session in Köln mit fünfzig Teilnehmern, nachdem sie in der ersten Partnerübung mit ihrem Thema nicht zurande kam. Sie ist ganz verweint, als sie mir vorab schildert, dass es ihr Problem sei, nicht geben zu können. Sobald es daran sei, anderen zu geben, stelle sich etwas in ihr quer, und sie werde ganz aggressiv.

E: Ich habe jetzt noch eine Frage an dich, bevor wir loslegen: Wer sagt denn überhaupt, dass du etwas geben solltest, und was sollst du geben? Von woher kommt dieser Anspruch?

M: Das sagen alle.

E: Alle fordern etwas von dir und behaupten, du müsstest mehr geben?

M: Also, ich habe zwei explizite Personen, das ist meine Mutter und mein Freund, von denen fühle ich mich sehr unter Druck gesetzt. Bei meiner Mutter ist es jetzt besser, aber dafür bei meinem Freund gerade umso schlimmer. *[Ihre Hände wollen sich reflexartig zu Fäusten ballen, während sie spricht. Sie versucht, sich dazu zu zwingen, sie offen zu halten. Dabei verkrampfen sie sich bis in die Fingerspitzen zu regelrechten Krallen.]*

E: Er will dich dazu bringen, dass du mehr gibst.

M: Ja, er will die ganze Zeit etwas.

E: Er hat das permanente Gefühl, dass er zu wenig von dir bekommt. Jedenfalls braucht er etwas, und du magst oder kannst nichts geben.

M: Ich bin auch eine sehr aggressive Person in dieser Beziehung, das hängt irgendwie zusammen. In dem Moment, in dem ich eine Aufforderung bekomme, werde ich sehr aggressiv.

E: Um dich zu verteidigen.

M: Ja.

E: Ich frage deshalb, weil es für mein Gefühl nicht das Problem sein wird, dass du nicht geben kannst, sondern das Problem ist die Erwartung der anderen, der Appell dahinter. Wir haben also zwei Personen zur Auswahl, an denen wir exemplarisch die dahinterstehende Dynamik untersuchen können: die Mutter und den Freund. Mit dem Freund tritt das Problem momentan akuter zutage, also wählen wir ihn als Antagonisten für unser *Symboling*. Ich gehe jetzt in den Theta-Zustand und lasse mir ein Bild zu dem Konflikt zeigen. Vielleicht bekomme ich noch etwas anderes dazu. *[Kurze Pause]*

Also, ich habe jetzt folgendes Bild: Ich sehe dich mit deinem Freund in deinem Kinderzimmer. Um dich herum sind ganz viele Teddys. Ein großer Teddy an deiner Seite sticht besonders hervor. Du wirst von deinem Freund buchstäblich in die Ecke gedrängt und er will … Also, seine ganze Statur wirkt sehr mächtig, und er bedrängt dich ziemlich massiv. Er steht breitbeinig und breitschultrig vor dir und will irgendwas, und du bist ganz klein in deiner Ecke, erschrocken und verletzlich, und hältst deinen Teddy fest im Arm. Das ist das Bild, das euren Konflikt symbolisiert. Es muss natürlich nicht der objektiven Realität entsprechen, dass dein Freund ein Bulldozer ist, aber so erscheint er in meiner Vorstellung.

M: Doch, das ist er. *[Lachen im Publikum]*

E: Also auch leibhaftig ist er ein ziemlich mächtiger, kräftiger Typ. Deine Gefühle seiner fordernden Haltung gegenüber sind schon ziemlich klar ersichtlich, du bist in die Ecke gedrängt, sehr verletzlich und magst dich am liebsten immer kleiner machen. Mit einer Hand schießt du immer wie mit einer Kralle hervor und versuchst dich zu wehren und ihn wegzustoßen, mit der anderen klammerst du dich an deinen Teddy. Das hat etwas ganz Intimes und Kindliches, der Teddy ist wie ein kleiner Schutzgeist. Wen ich jetzt von innen her aufklappen und beleuchten möchte, das ist der Freund. Ich möchte unter seine starke Fassade gelangen und ihn näher kennenlernen. Warum bedrängt er dich so, was hat er für Motive? Jetzt versuch ihn einmal aus deiner Eckperspektive heraus anzuschauen, wie er dich belauert und unerbittlich von dir fordert. Beschreibe mal seinen Gesichtsausdruck, wie du ihn wahrnimmst und was das mit dir macht.

M: Das ist so, als hätte er die ganze Zeit Zuckungen im Gesicht. Er will gesehen werden, dann macht er da irgendwie so einen Affentanz. Er will eben wirklich klarmachen, dass er jetzt da ist, und ich soll das anerkennen irgendwie, aber ich bin ja in dieser Ecke, und das ist irgendwie …

E: Er ist ja tatsächlich nicht zu übersehen. Du erkennst ja schon durch deinen Rückzug an, dass er da ist. Die Tatsache, dass du dich verkriechst, könnte ihm eigentlich schon anzeigen, dass er da ist und eine ziemliche Gewalt über diese Situation hat.

M: Ja.

E: Ich schaue mir jetzt die Szene nach dem, was Melanie ihr hinzugefügt hat, noch einmal im Stillen an, lasse das Geschehen vor meinem geistigen Auge deutlicher werden, lasse sozusagen den Film laufen. Vielleicht zeigt sich angesichts der Zuckungen im Gesicht des Freundes etwas, was ich als Nächstes fragen kann oder was wir als Nächstes erforschen können, um mehr Informationen zu erhalten. Also, mir scheint, je mehr du dich verkriechst und je mehr du dich verteidigst, desto gewaltiger und aufdringlicher wird er. Es hilft nichts.

M: Er versperrt mir auch die Sicht woanders hin.

E: Jetzt sehe ich zudem, dass du inzwischen einen sehr wütenden und aggressiven Ausdruck bekommen hast. Du würdest am liebsten …

M: Ja, ich bin sehr genervt.

E: Wo würdest du ihn am liebsten hinschicken, wenn du könntest, wenn du Kung-Fu-Kräfte hättest?

M: Ich möchte ihn am liebsten mit der Hand auf den Stuhl patschen! Und da soll er auch sitzen bleiben!

E: Dann patsch ihn mal auf den Stuhl! Und nun betrachte das veränderte Szenario – bleibt er auf dem Stuhl sitzen oder steht er gleich wieder auf?

M: Nein, der ist schon verdutzt.

E: Huch, die Kleene kann ja ganz schön zuhauen! Was macht es mit dir, wenn du ihn da so verdattert auf dem Stuhl sitzen siehst?

M: Jetzt sitzt er da auf dem Stuhl an der Seite, und ich kann wieder sehen.

E: Kannst wieder an ihm vorbeischauen?

M: Ja.

E: Das ist ja schon mal eine Verbesserung, wenn du wieder freie Sicht hast.

M: Ja, das ist schon ganz gut.

E: Aber er ist immer noch da.

M: Ich will ja auch nicht, dass er weg ist! Aber entweder er ist so überdimensional oder ein Häufchen Elend.

E: Ein Häufchen Elend – das ist ja auch nicht so begehrenswert.

M: Nein.

E: Aber du hast jetzt auch nicht den Impuls, ihn vor die Zimmertür zu stellen. Er soll schon bleiben.

M: Ja, und deshalb …

E: Und deshalb ist er ja auch noch in deinem Leben. Auf deinem Stuhl sitzt er nun aber wie ein Häufchen Elend, überhaupt nicht mehr großformatig und mächtig.

M: Ja, stimmt, dieses Unselbstständige; jetzt ist er auf einmal so abhängig.

E: Unselbstständig und von dir abhängig soll er nicht sein.

M: Nein, denn dann muss ich ja diese Szene wieder regeln, dann klemmt er sich so an mich und läuft mir nach. *[Kurze Pause, in der ich mich sammle]*

E: Ich erkläre jetzt einmal für alle anderen: Unser Ziel ist es, eine echte Verbindung zwischen den beiden herzustellen. Da fehlt Mitgefühl von beiden Seiten. Der Freund kann Melanies Bedürfnisse nicht wahrnehmen; er sieht nur sich selbst in seiner Bedürftigkeit. Sie reagiert darauf total wütend und weigert sich verständlicherweise, auf seine Tour einzusteigen und mit ihm mitzufühlen, weil sie es eben leid ist, immer alles für ihn zu machen und seine Schwächen zu kompensieren und so weiter. Was wir aber nun erreichen müssen, ist, dass sie sich auf einer tieferen Ebene miteinander verbinden können, dass sie einander wahrhaftig erkennen und ihre jeweiligen Bedürfnisse spüren. In einem Zustand echter Verbundenheit würde sich die Dynamik der gegenseitigen Abhängigkeit verändern. Ich sehe mich jetzt noch einmal in dem Bild um, wie wir dahin gelangen können, denn da ist auf Melanies Seite noch so viel Zorn, dass es möglicherweise schwierig ist, das jetzt tiefer aufzubrechen. *[Pause]*

Ich probiere das jetzt mal in konstruktiver Weise, indem wir den Soll-Zustand abfragen.

Wie wünschst du dir deinen Freund, wenn du ihn dir backen könntest? Wie sähe seine optimale Erscheinung aus? Welche Eigenschaften müsste er haben? Was müsste er ausstrahlen?

M: So eine Größe und Stabilität, aber auch eine Leichtigkeit und Unbeschwertheit, eine Zielstrebigkeit; dass er sein eigenes Leben hat, in das ich aber eingeschlossen bin, ohne dass wir uns ins Gehege kommen.

E: Jeder macht seins, jeder ist mit sich im Reinen. Er verfolgt seine eigenen Ziele, und du begleitest ihn, du bist mit ihm, aber du musst nichts für ihn ausgleichen. Sondern er ist stark und präsent für dich.

M: Ja, und gibt mir mehr Raum.

E: Gegenwärtig ist er aber noch so, wie er aktuell ist: unselbstständig, bedürftig und fordernd. Wie müsstest du selbst sein, damit du dich besser gegen ihn schützen könntest? Vielleicht so ähnlich, wie du seine Idealgestalt beschrieben hast: stark und zielstrebig und unabhängig?

M: Vielleicht wäre es besser, manche Forderungen gar nicht wahrzunehmen.

E: Oder sie dir nicht reinzuziehen. In Beziehungen neigen wir dazu, vom anderen etwas zu verlangen, was wir selber nicht haben. Wenn wir es selber hätten, bräuchten wir es nicht vom anderen zu fordern. Um die Beziehung in unserem Szenario zu verwandeln, könnten wir jetzt eine der beiden Personen mit den benötigten Eigenschaften auffüllen. Ich beginne jetzt mal mit Melanie. Wir wollen erreichen, dass du in dir selbst ruhst, dass du dich mit dir selbst wohlfühlst, unabhängig davon, wie dein Freund sich dir gegenüber verhält – ob er jetzt wie ein Schrank vor dir steht und zuckt oder ob er als Häufchen Elend auf deinem Stuhl sitzt. Dass du so präsent und stark in dir selbst bist, dass du mit ihm in einem Raum sein kannst, ohne dich von ihm unter Druck setzen zu lassen. Würdest du dir diese Wertschätzung dir selbst gegenüber erlauben?

M: Ja.

E: Schauen wir mal, wie wir diesen Zustand in dir herstellen können, und zwar in der gegebenen Situation in deinem Kinderzimmer. Stell dir vor, dir würde nun eine ganz neue Kraft zuströmen. Du würdest dich wertgeschätzt fühlen. Du hättest das Gefühl, als das gesehen zu werden, was du bist. Du wirst so angenommen und geliebt, wie du eben bist, mit allem, was dich ausmacht, ohne dass irgendjemand Forderungen oder Bedingungen an dich stellt oder etwas von dir braucht. Du wirst einfach in Ruhe gelassen, du darfst sein, wie du es willst. Du darfst auch ganz klein sein, mit dem Teddy im Arm. Du darfst dich hinsetzen, mit dem Teddy kuscheln und einfach da sein. Du bist vollkommen geschützt, niemand kann dir etwas wollen. Du darfst gegenwärtig mit deinen Gefühlen sein und spüren: Worauf habe ich eigentlich gerade Lust, was möchte ich gerade? Da ist kein Druck, keiner kann etwas von dir nehmen. Wie fühlt sich das an?

M: Gut, unbeschwert. Mein erster Impuls ist, mit dieser Stärke und Unbeschwertheit wieder auf meinen Freund zuzugehen und ihn in den Arm zu nehmen und das, was ich gerade bekommen habe, ihm direkt wieder abzugeben.

E: Aber genau das wollen wir jetzt nicht.

[Melanie beginnt zu weinen und spricht den folgenden Satz mit tränenerstickter Stimme.]

M: Ich merke, dass ich es eigentlich für mich behalten möchte. *[Schluchzt]* Ich bin dann wieder ganz klein und kugle mit dem Teddy im Zimmer herum.

E: Was ich gerade deutlich wahrnehme, ist, dass sie es noch nie hat erleben dürfen, einfach so mit ihrem Teddy zu sein. Diese kindliche Unbekümmertheit ist für Melanie ganz neu, dass sie mit dem Teddy einfach so rumkugeln darf, dass sie ganz klein ist und unbeschwert sein darf. Keiner darf etwas von ihr nehmen. Darum braucht sie sich auch ihrer Umwelt gegenüber nicht mehr zu verteidigen. Da ist jetzt auf einmal die Aggression aus ihrer Mimik und aus der Körperhaltung verschwunden. Melanie darf jetzt einfach klein mit dem Teddy sein.

[Melanie weint sehr, ich lasse ihr Zeit, diese Verwandlung zu verarbeiten.]

E: Das fühlt sich ja schon mal ganz gut an.

M: Ja.

E: Für so eine Situation braucht es Raum, das muss sich erst einmal etablieren. Ihr lasst euren Übungspartnern also Zeit in einem solchen Moment. Melanie ist gerade ganz deutlich in einem Kerngefühl. Dieses Bedürfnis wird gerade genährt, dieses Kerngefühl: mal etwas für sich selbst haben zu dürfen, ohne gleich davon abgeben zu müssen. Das ist der Grund für ihren Konflikt: Natürlich ist es in Wahrheit genau andersherum, sie hat ihrer Mutter oder später dem Freund nicht zu wenig gegeben, sondern immer viel zu viel – von Kindheit an ist sie es nicht anders gewohnt. Und weil das so war, braucht sie jetzt das Gefühl: Ich darf ohne Wenn und Aber etwas für mich haben. Jetzt stell dir mal vor, Melanie, du sitzt genau so klein, wie du jetzt bist, mit dem Teddy in der Ecke oder am Bett oder wo du gerade sitzen möchtest, und jetzt schaust du zu deinem Freund hinüber. Der sitzt da ganz kleinlaut auf deinem Stuhl, nachdem du ihm eine gepatscht hast. *[Melanie lacht]* Der ist immer noch klein, und in diesem Moment sieht er dich, wie du da mit dem Teddy sitzt. Schau dir einmal seinen Ausdruck an.

M: Ja, der ist interessiert an diesem Spiel.

E: An diesem Spiel?

M: An diesem Spiel mit dem Teddy.

E: Der hätte am liebsten auch einen Teddy. *[Lachen im Publikum]* Aber deinen kriegt er nicht, soll er sich doch selber einen besorgen! *[Johlendes Gelächter im Publikum]* Er sieht dich jetzt so mit dem Teddy, und das findet er irgendwie schön und interessant. Und hast du jetzt noch das Gefühl, er müsse sich dir gegenüber irgendwie aufplustern?

M: Nee, der kommt sofort auch auf so einen Level, kindlich, verspielt.

E: Macht Kopfstand ...

M: Ja, und purzelt, das ist sonderbar, wie das abläuft.

E: Ihr begegnet euch jetzt auf einer kindlichen, verspielten Ebene. Auf dieser Ebene seid ihr einfach, wie ihr seid, ohne gegenseitige Forderungen.

M: Ja.

[Ich lasse Melanie noch eine Weile in der neuen Energie herumtollen.]
E: So, das Wesentliche ist eigentlich schon passiert, was passieren musste. Sie ist in ihr Gefühl gegangen und hat durch diese Verbindung mit ihrem Innersten plötzlich wieder einen Draht zu ihrem Gegenüber, zum Freund, gekriegt. Ich überlege jetzt gerade, ob wir sie noch erwachsen werden lassen wollen oder ob das gerade überhaupt nicht nötig ist. Eigentlich kann das ja auch so bleiben.

M: Ja!

[Lachen im Publikum]

E: Ich habe das Gefühl, einen Dreh, eine Verknüpfung braucht es vielleicht noch. Stell dir mal vor, Melanie, du bleibst so, wie du jetzt bist. Vielleicht hast du den Freund sogar in Miniatur als Spielkamerad neben dir, die Kinderversion deines Freundes, und jetzt kommt der erwachsene Freund in seinem Schrankformat zur Tür herein. Was würde der Große jetzt tun, da er euch Kinder da so unbeschwert miteinander purzeln sieht? Würde er noch Forderungen stellen?

M: *[überlegt eine Weile]* Irgendwas dazwischen ...

E: Kannst du ihn sehen?

M: Irgendwie ist das schon viel zu weit weg von ihm ... Das klingt ein bisschen so entgeistert: »Was ist das denn ...?«

E: Also der Große ist befremdet und kriegt gar keine Beziehung zu euch Kindern?

M: Schwer, das passt nicht zu ihm.

E: »Was sind das denn für Babys, spielen die noch mit Puppen, oder was?«

M: So, wie wenn es Kindheit gar nicht wirklich gibt oder gab, das findet er ein bisschen komisch, damit kann er nicht so richtig was anfangen.

E: Also, der Große hat sich von seiner Kindlichkeit abgeschnitten. Das zeigt über den Spiegel, den er für sie darstellt, dass es in Melanie tatsächlich noch eine Instanz gibt, die ihre Kindheit noch nicht mit sich selbst verknüpft hat, und es wäre schön, wenn wir das noch hinkriegen würden in dieser Session.

Spür mal in dein eigenes Gefühl rein, Melanie. Du bist ja in dieser Situation noch tief in deiner Fröhlichkeit oder in deinem Kindsein, also ich empfinde dich darin als sehr vollständig und gesättigt, zusammen mit dem Teddy und mit der kindlichen Version deines Freundes als Spielkameraden.

M: Ja.

E: Dein inneres Kind hat den Zugang zum inneren Kind deines Freundes gefunden. Mit diesem Einfühlungsvermögen, das du aus der Verbindung mit dir selbst gewonnen hast, kannst du nun hinter die Fassade von dem Großen blicken, der gegenüber seinem inneren Kind noch außen vor ist. Fühl dich einmal in seine Perspektive ein. Wie ist das so, wenn man so gar keinen Zugang zu dieser spiele-rischen, kindlichen Welt hat? Wie fühlt sich das an, wenn man so verhärtet ist und sich von seinem Innern abschneidet?

M: Total begrenzt! Das ist mega eng!

E: Und wie fühlt sich das an, so begrenzt zu sein?

M: Langweilig, uninspiriert, stumpf.

E: Stumpfheit und Langeweile verweisen auf einen apathischen Zustand. Das ist ja eine Art Nicht-Fühlen, das heißt, da wird jetzt ein Gefühl gedeckelt. Dann wollen wir doch mal schauen, was darunter ist. Was will dein Freund nicht fühlen? Wenn er wüsste, was unter seiner Stumpfheit liegt, was wäre das? Welcher unliebsamen Wahrheit würde er da begegnen?

M: *[spürt lange in ihn die Figur hinein]*: Was da drunterliegt, ist halt sehr albern, und das ist ihm heilig.

E: Das Verborgene ist ihm heilig. Was ist daran albern?

M: Es ist halt irgendwie eine Blumenwiese, und das findet er uncool.

E: Eine Blumenwiese ist uncool.

M: Ja. Es ist so eine Alice-im-Wunderland-Wiese, und das ist ihm zu mädchenmäßig oder zu kindisch.

E: So. Jetzt schick diesen stolzen Mann mal über die Blumenwiese. Lass ihn im Gras herumtoben, total närrisch und albern. Scheuch ihn mal da rüber! *[Melanie lacht]* Ist ihm das jetzt richtig peinlich?

M: Er merkt, ich bin da, dann geht das.

E: Aha, mit dir zusammen geht das. Sehr interessant. In deiner Gegenwart kann er auch albern und ein bisschen mehr so sein, wie er im Grunde gerne wäre.

M: So zart.

E: Und jetzt geh mal runter von der Wiese. Du bist jetzt weg. Jetzt ist er alleine auf der Wiese.

M: Ja, jetzt ist ihm schon wieder langweilig auf der Wiese.

E: Dann lass ihm mal langweilig sein. Pflückt er halt Blumen aus Langeweile ...

M: Der zerrupft alles!

[Lachen im Publikum]

E: Dann lass ihn mal die ganze Wiese zerrupfen, bis da nur noch ein brauner Acker drunter hervorkommt. Wie sieht er sich jetzt? Der kärgliche Acker ist wahrscheinlich nicht mehr so uncool.

M: Ja, jetzt findet er's scheiße.

E: Auch nicht gut ...

M: Und er denkt, das muss aber so sein, wenn er alleine ist, deshalb braucht er mich. Denn wenn er alleine ist, dann macht er's so.

E: Auf sich allein gestellt, kann er das Bunte und Zarte nicht zulassen, das macht ihn zu verletzlich. Bevor andere es zerstören, zerstöre ich es lieber selbst. In einer rohen Umgebung, wo alles grau und fad und steinig ist, habe ich dagegen nichts zu verlieren. Da braucht es lediglich Härte und körperliche Kraft, um zu überleben. Das hat er drauf. Du bist nun aber nicht bei ihm, du hast Besseres zu tun, du spielst nämlich gerade mit seiner Kinderversion. Du hast keinen Nerv für ihn. Da sitzt er nun also auf seinem blöden Acker und mimt den harten Max. Lass ihn da mal sitzen. Und jetzt drehen wir die Uhr vor, die Jahre vergehen, und er sitzt da und sitzt da und sitzt in seiner strotzenden Männlichkeit. *[Johlendes Gelächter aus dem Publikum]* Jetzt spür mal, wie das in ihm aussieht, wenn sich über all die Jahre rein gar nichts ändert. Es ist grau und einsam. Wie fühlt er sich da?

M: Der fühlt sich total unvollkommen und nutzlos und sinnlos.

E: Total sinnlos, überflüssig. Wir nähern uns seinem Kerngefühl, aber wir sind noch nicht ganz darin angekommen. Ich fühle es bei dir noch nicht ganz, dass du diese Sinnlosigkeit auch wirklich spüren kannst. Versuch mal, dir das wirklich vorzustellen: Du bist da ganz allein in dieser Einöde, nach außen hin ein imposanter Kerl, aber in dir drin bist du der totale Jammerhaufen. Niemand ist da, der dich wahrnimmt. Du weißt nichts mit dir anzufangen, denn du fühlst dich kümmerlich und ungenügend.

M: Also, da ist auch so eine Resignation, eine Akzeptanz seines Zustands, Stumpfheit und Taubheit. Es ist dunkel und ungemütlich, ich bin alleine, er ist alleine. Er hat nicht das Gefühl, dass er etwas machen könnte.

E: *[ans Publikum gewandt]*: Eigentlich hat sie das Kerngefühl vorhin schon fast beim Namen genannt, die unterste Ebene angesprochen. Sie ist aber immer noch nicht ganz da, sie schwebt noch in dieser Apathie, das spürt man einfach, so wie sie darüber spricht. Der Freund ist noch nicht ganz bereit, in letzter Konsequenz zu resignieren, da ist noch zu viel Energie und Widerstand drin. Seine Haltung erscheint mir augenblicklich mehr wie eine Lustlosigkeit nach dem

Motto: »Gegen diese Einöde kann man eh nix machen.« Das ist aber noch kein Gefühl der vollkommenen Ohnmacht, des Ausgeliefertseins an die Welt, sondern darin steckt immer noch eine Verweigerung. In der Weigerung, sich selbst konstruktiv in die Welt einzubringen, liegt Stolz, falscher Stolz natürlich. Dem liegt aber noch was anderes zugrunde. Er will sich ein ganz bestimmtes Gefühl nicht eingestehen. Ich spreche es mal aus, vielleicht macht es was mit dir, Melanie. Er schämt sich in Grund und Boden, dass er eigentlich nichts hinkriegt, und deswegen gibt er die Verantwortung an dich ab, seine Bedürfnisse zu befriedigen. Hinter seiner blasierten Haltung verbirgt sich eigentlich eine Erwartung an die Welt. Nur, wenn die Welt sich um ihn dreht, wäre er bereit, darin mitzumischen. Aber dem zugrunde liegt eine ganz tiefe Scham, dass er so ein Würstchen ist.

M: Ja, weil er so abhängig ist.

E: Das passt nicht zu einem starken Mann.

M: Keiner hat ihn so richtig angenommen.

E: Keiner hat ihn so angenommen, wie er ist. Da sind wir, im Kerngefühl. Er kam in diese Welt, und keiner hat ihn gewollt. Wie furchtbar ist das, wenn man nicht angenommen wird, wenn man kein Zuhause findet?

M: Ja, diese Verlorenheit.

E: Spür mal in seine Verlorenheit hinein. Wie ist es, in der Welt vollkommen verloren zu sein? Keiner da, der einen annimmt.

M: Ja, er ist so ausgeliefert. Er empfindet auch Ungerechtigkeit. Warum ich? Warum bei anderen nicht?

E: Hier kommt sein Widerstand wieder hoch, seine Aggression, warum gerade ich? Da regt sich noch der alte Kampfgeist. Das Gefühl der Ablehnung, der Verlorenheit und des Ausgeliefertseins an eine unfreundliche Umgebung, das war mittendrin im Kerngefühl, aber er katapultiert sich selbst immer wieder raus. Wie wäre das, wenn auf diesem

Brachland, das er sich geschaffen hat, ein Gefühl des Angenommenseins erwachsen würde, wenn dieser Acker ihn annehmen würde? Spür mal, wie sich das anfühlt, wenn da so eine Liebe aus dem Boden käme ...

M: Das würde ihn beruhigen.

E: Er liegt da also auf dem Acker und wird einfach geliebt und angenommen, wie er ist, auch wenn er ein kleiner Wurm ist und in dieser Welt noch nichts geschafft hat; er ist einfach nur da, und das genügt. Er ist bedingungslos geliebt.

M: Das ist ganz positiv, auch endlich mal was für sich zu haben, die volle Aufmerksamkeit zu bekommen, dass etwas für ihn gewachsen ist, dass etwas für ihn entsteht. Das ist es, was gefehlt hat.

E: Auf dieser Ebene zeigt sich der Spiegel am deutlichsten: Sie hat es gebraucht, angenommen zu werden, ohne etwas dafür geben zu müssen, und er hat das Gleiche gebraucht. Genau deswegen haben die beiden einander gefunden und sind eine Beziehung miteinander eingegangen, weil sie genau das gleiche Thema haben. Sie haben es nur spiegelverkehrt gelebt. Solange ihre Grundbedürfnisse nicht in ihrem Zellbewusstsein gesättigt sind, machen sie sich gegenseitig das Leben schwer. Aber von jetzt an wird ja alles anders! Er ist als Figur natürlich noch mal eine andere Version von Melanie als das verletzliche Kind zu Anfang. Er repräsentiert jenen Aspekt in ihr, der sich verhärtet hatte und in eine aggressive Abwehrhaltung gegangen ist, sobald eine Forderung an sie gestellt wurde. Hätten wir diesen Teil nicht zusätzlich zu ihrem Kind mit dem Teddy integriert, hätte sie ihre frisch gewonnene Autonomie womöglich weiterhin verteidigen müssen. Mit der Verwandlung auch ihrer Abwehrenergie wird die Beziehung nun positiv befruchtet. Auf dem Ackerboden dürfen jetzt auch wieder Blumen wachsen oder vielleicht sogar Kürbisse. Jetzt stell dir mal vor, Melanie, wie er diese Wertschätzung in sich aufnimmt und genießt, und jetzt kommst du mit dem Teddy und dem Spielkameraden an der Hand dazu. Wie würde er euch jetzt anschauen?

M: Er sitzt jetzt auch, ein bisschen auf unserer Höhe. Er findet uns jetzt ziemlich drollig, ist auch sehr respektvoll und mag nicht in unser Spiel eingreifen.

E: Er ist keiner mehr, der euch den Teddy wegnimmt. Weder dir noch seinem inneren Kind.

M: Nee! Und man kann total gut auf ihn zugehen. Er ist jetzt ganz präsent, fast schon beschützend, ein Beschützer.

E: Schön. Jetzt kommt noch die erwachsene Melanie auf den Acker und stellt sich vor ihn, so wie sie ist. Wie schaut er dich an?

M: So aufrichtig lässig! *[Lachen im Publikum]* Der ist total liebevoll, aber lässig, weder bedürftig noch verkrampft. Cool!

E: Ein Mann zum Verlieben!

M: Ja, total! *[Lachen im Publikum]*

E: *[mit einer Geste den Abspann eines Spielfilms aufrollend]* The End!

[Heiteres Gelächter, angeregter Applaus]

Der *Symboling*-Ablauf im Überblick

Ein Schema für ein *Symboling* zu erstellen ist schwierig, da sich jeder Verlauf einzigartig, kreativ und intuitiv gestaltet. Insgesamt folgen »Klient« und »Moderator« einfach den sich entwickelnden Bildern. Der Moderator interveniert so wenig wie möglich und so viel wie nötig. Heilung geschieht, wenn der Klient in Kontakt mit seinem Kerngefühl kommt und den Raum hat, dieses wahrzunehmen und zu fühlen. Deshalb ist die wesentliche Frage während eines *Symbolings* »*Wie fühlt sich das Wesen?*« Diese Frage wird nach jeder Veränderung gestellt, die sich durch einen Impuls oder Energiefluss im Bild ergeben hat.

Tauchen Gefühle wie Angst (wovor?), Schuld (weswegen?), Wut (worauf?) oder Hass (wogegen?) auf, sind wir noch nicht im Kerngefühl, und es gilt, tiefer einzutauchen, den Gefühlen auf der Spur zu bleiben, bis die dahinter- oder darunterliegenden Emotionen sich zeigen. Dabei dürfen sich Wut oder Hass auch gerne mal austoben und die darin gehaltene Aggression in der inneren Bildwelt explodieren. Dies schafft den Zugang zu tiefer liegenden Gefühlen. Keine Angst, eine Entladung der angestauten Energie auf der symbolischen Handlungsebene hat keine destruktive Auswirkung auf die Außenwelt, ganz im Gegenteil: Sie wird durch die bewusste Erlaubnis, sie einmal zu fühlen, überhaupt erst kontrollierbar. Vorhanden ist sie ohnehin – solange sie jedoch geleugnet oder anderweitig unterdrückt wird, führt sie ein unkontrollierbares Eigenleben und unterhöhlt die positiven Kräfte.

Ziel jeder Session sollte sein, dass sich Protagonist und Antagonist gegenseitig annähern, indem sie erkennen, dass sie einander emotional spiegeln. Das schafft eine mitfühlende Verbindung zwischen beiden und löst die blockierte Energie.

1. Problem skizzieren

2. Moderator expandiert ins Quellbewusstsein

3. Symbolische Abfrage

3.1. Impuls: Ich bin das ICH BIN. Ich erlaube mir, eine (bildhafte) Darstellung des Konflikts zu empfangen.
Jetzt! Danke. Es ist geschehen.

3.2. Bild entstehen lassen

3.3. Rapport herstellen:
Wahrnehmung kommunizieren / Partner ins Bild einladen

4. Kreativer Dialog mit dem Bild über Figuren und Objekte

4.1 Leitmotiv: Emotionale Dynamik ergründen
Wie fühlt sich der Protagonist (direkte Identifikation)?
Wie fühlt sich der Antagonist (abgespaltener Wesensanteil)?

Weg: Bedürfnis der Figuren durch symbolisches Handeln ergründen
Was bräuchte das Wesen?
Was würde das Wesen am liebsten tun?
Was wäre, wenn wir (Komponente in der Situation) verändern würden?

Ziel: Spiegelung beider Figuren
Das Bedürfnis des Antagonisten entspricht dem Bedürfnis des Protagonisten;
im Kern ihrer Gefühle spiegeln beide Figuren einander.
Die Einsicht in das spiegelbildliche Erleben schafft eine mitfühlende Verbindung zwischen
beiden und löst den Konflikt.

4.2. Emotionalen Mangel ausgleichen:
Frage an Klienten: *Erlaubst du, dass (Wesen) die gewünschte Gefühlsqualität erhält?*

4.3. Veränderung wahrnehmen:
Klient und Moderator beobachten, wie die Figuren sich unter dem Einfluss des neuen
Gefühls verändern. Falls hier ein Widerstand (Schutzfunktion) auftaucht, wird auch er
personifiziert, nach seinem Motiv (Bedürfnis) befragt und befriedet.

4.4. Emotionale Sättigung ggf. durch verbale Eingaben verstärken:
Ich weiß, wie es sich anfühlt, (angenommen) zu sein.

4.5. Ergebnis wahrnehmen:
Protagonist und Antagonist sind in Frieden miteinander.
Klient fühlt sich ausgeglichen und erleichtert.

5. Realitätscheck (nicht obligatorisch):
In der objektiven Problemsituation aus Schritt 1 sollte kein Stress mehr fühlbar sein.

6. Harmonisierung und Integration:
*Ich bin das ICH BIN. Ich erlaube, (Person) mit allen Veränderungen zu harmonisieren
und diese zum höchsten und besten Wohl in jeden Lebensbereich zu integrieren.*
Jetzt! Danke. Es ist geschehen.

Kernemotionen

Negative Kerngefühle zeichnen sich durch einen absoluten Mangel an Energie aus. Es geht buchstäblich nicht mehr tiefer – unterhalb ihrer Ebene gibt es nichts mehr; im Nichts kann das Ego nicht existieren. Der Ich-Aspekt, der an den Konflikt gebunden war, löst sich auf, sobald die Person mit dem Kerngefühl in Berührung kommt und dieses wirklich fühlen kann.

Häufig auftretende destruktive Kernemotionen sind:

Sinnlosigkeit / Selbstaufgabe
Ohnmacht / Ausgeliefertsein
Verlorenheit / Verlassenheit / Einsamkeit
Verratensein / Ausgebeutetsein / Scham
Nichtigkeit / Wertlosigkeit / Unerwünschtsein

Auch stagnierte Trauer hat einen sehr geringen Energiewert und kann den gesunden Fluss der Emotionen blockieren, während Traurigkeit stagnierte Energie löst, in den Fluss bringt und unsere Ressourcen erneuert.

Ein Zeichen, an einem Kerngefühl angekommen zu sein, ist ein starkes Ergriffensein oder eine heftige Stressreaktion der prozessierenden Person, gefolgt von einem inneren Loslassen, etwa durch Seufzen, Weinen oder einfach eine allgemeine, tiefe Entspannung. Das Ich wehrt sich nicht mehr gegen dieses Gefühl. Dadurch kann es fließen und verwandelt sich in Erleichterung und Frieden.

Positive Kerngefühle, die wir benötigen, um uns wohlzufühlen und ein erfolgreiches Leben zu führen, sind etwa Liebe, Wertschätzung, Vertrauen (»Sicherheit«), Verbundenheit,

Selbstbestimmtheit und Freiheit im persönlichen Ausdruck. Sind alle diese Bedürfnisse in uns erfüllt, erwächst daraus Frieden und Freude. Fehlt auch nur eins davon, beginnt das Ich, den Mangel zu negieren oder zu kompensieren – daraus entstehen schließlich Widerstände und Konflikte.

Häufig gestellte Fragen zum *Symboling*

Was mache ich, wenn …

… ich nicht in den Theta-Zustand gelange?

Dann machst du es dir entweder zu kompliziert oder du hast noch keine Übung darin, den Theta-Zustand aktiv herbeizuführen. Der Frequenzbereich selbst ist dir sehr vertraut – du bist schließlich jede Nacht während der REM-Phase im Theta-Stadium sowie kurz vor dem Einschlafen oder kurz nach dem Aufwachen. Das hat absolut nichts Mystisches an sich, es bewirkt lediglich eine tiefe Entspannung und Entgrenzung deines Bewusstseins. Lass deinen Verstand also gar nicht erst so ein großes Ding daraus machen.

Wenn du dir zwischendurch einmal nicht sicher bist, ob du jetzt wirklich in Theta schwingst, rolle doch einfach deine Pupillen hinter den geschlossenen Lidern noch mal hoch wie bei der »Augenschaukel«, die ich in meinem ersten Buch beschrieben habe, und erlaube dir, dich rundherum auszudehnen. Stell dir vor, dein Radius weitet sich um dreihundertsechzig Grad. Sollte auch das nicht helfen, tu einfach so, als seist du im Theta-Zustand, und erlaube dir, beherzt in den Prozess einzusteigen. Der Verstand ist clever – aber nicht clever genug, um sich durch bewährte Strategien nicht austricksen zu lassen!

Wenn du noch wenig Übung darin hast, in den Theta-Zustand zu gehen, empfehle ich dir, eine meiner CDs zu Hilfe zu nehmen. Meinem ersten Buch, *ThetaFloating. Aktiviere das spirituelle Potenzial deines Zellbewusstseins und erschaffe dich neu*, liegt eine entsprechende Audio-CD bei. Auch auf der CD *ThetaFloating. Meditationen und Übun-*

gen findest du eine Meditation, deren subtile Klanguntermalung deine Gehirnwellen im Frequenzbereich von 7 bis 8 Hz stimuliert und dich ins Theta-Stadium führt. Dort hast du direkten Zugang zu deiner inneren Quelle und zum Bilderreichtum deiner Seele.

... ich schon Bilder empfange, bevor ich im Theta-Zustand bin?

Deine Gehirnwellen beginnen spätestens in dem Moment in der Theta-Frequenz zu schwingen, wenn sich ein Bild in dir aufbaut oder sich ein ganzer Film auf deiner inneren Leinwand entwickelt. Im Theta-Zustand befinden wir uns schließlich auch, während wir träumen, und die Bilder entspringen der gleichen Sphäre wie unsere Träume. Dich vorab bewusst in den Theta-Zustand zu begeben kann den Empfang und den Einstieg in ein *Symboling*-Szenario jedoch erheblich erleichtern und ist auch aus einem weiteren Grund wichtig: Im Theta-Zustand verlieren sich deine Ich-Grenzen, und dein Bewusstsein öffnet sich für eine höhere Wahrnehmung. Im Quellbewusstsein bist du nicht mehr mit deinem Ego identifiziert. Dies schützt dich davor, dich während des Prozesses in das Drama zu verstricken, das du bearbeiten willst. Je freier dein Geist, desto leichter der Prozess.

Behalte deine vorab und vollautomatisch empfangenen Bilder also im Hinterkopf und expandiere sicherheitshalber trotzdem noch einmal mit bewusster Absicht ins Theta-Stadium. Durch einen gezielt gesetzten Impuls verschieben sich möglicherweise die Akzente des bisher Wahrgenommenen.

... ich keine Bilder sehe?

Das »Bildersehen« ruft oft ähnliche Berührungsängste hervor wie das Theta-Stadium. Da jeder Mensch sich den Weg zur Bushaltestelle vorstellen oder sich an den Salat erinnern kann, der zum Mittagessen auf seinem Teller lag, abgesehen davon, dass wir alle jede Nacht bildreich träumen (viele erinnern sich nur nicht daran), halte ich ausnahmslos jeden Menschen für visuell kompatibel. Jedem äußeren Sinn entspricht schließlich ein innerer Sinn.

Probiere es doch einmal aus, dir ein beliebiges Bild zurechtzufantasieren. Wenn du dabei, ohne zu zögern, vorgehst, sind deine Assoziationen schneller als dein Verstand – und damit entspringt das Bild automatisch deiner Intuition. Da sich ausnahmslos jedes Bild für ein *Symboling* eignet – entscheidend ist, was du daraus machst –, kann dabei gar nichts schiefgehen. Erlaube dir einfach, deiner Wahrnehmung zu vertrauen, dann fließen die Informationen automatisch.

Wenn du beharrlich daran festhalten willst, dass du nicht der visuelle Typ bist, ist das aber auch nicht weiter schlimm, da du ja noch andere Kanäle hast, über die du innerlich wahrnehmen kannst. Vielleicht bist du eher empathisch und erfühlst die Situation und die darin blockierten Emotionen, oder du hörst im inneren Ohr Worte, die dir einen wichtigen Hinweis geben, sodass vielleicht dein Gegenüber daraus ein bildhaftes Szenario entwickeln kann. Nimm erst einmal jedes noch so kleine Detail wahr und kommuniziere es, dann wird recht schnell das Vertrauen in deine ganz eigene Wahrnehmung wachsen und sich diese damit auch noch erweitern. Indem du etwa zu deinem Übungspartner sagst: Ich habe das Gefühl, der Teil von dir, um den es hier geht, ist wütend und möchte am liebsten die Tür zuknallen, dann entsteht nicht nur in seiner Vorstellung ein Bild, sondern auch in deiner – wetten? Oder hast du noch nie einen Menschen gesehen, der eine Tür zuknallt?

… der Übungspartner nichts mit meinem Bild anfangen kann?

Was sollte dein Übungspartner denn mit deinem Bild anfangen? In Begeisterungsstürme ausbrechen? Seine Symbolik ausdeuten? Es nachmalen? Vermeide tunlichst die direkte Frage, ob er etwas mit deiner Wahrnehmung anfangen kann. Damit riskierst du ein trotziges Nein, und dann stehst du dumm da. Es genügt vollkommen, wenn dein Partner deiner Beschreibung emotional oder in seiner Vorstellung folgen kann. Schildere ihm, was du aus deiner Theta-Perspektive heraus wahrnimmst, und lade ihn dann in dein Szenario ein, indem du ihn bittest, sich die Figuren näher anzuschauen – vorzugsweise die Figur, die als der Antagonist in Erscheinung tritt, denn deren Motiv wollen wir ja ergründen.

... sich mir die Symbolik nicht erschließt?

Auch wenn du ein erfahrener und blitzgescheiter Psychoanalytiker bist, zügle deinen hermeneutischen Ehrgeiz und vermeide es tunlichst, das Szenario während des *Symboling*-Prozesses zu interpretieren (»Heureka, dieses Monster hinter der Hecke ist doch eindeutig der Vater! Und das aufgerissene Löwenmaul steht natürlich für die Vagina!«). Der Intellekt ist nicht das geeignete Werkzeug, um Gefühlsknoten aufzulösen. Konkrete Deutungen katapultieren dich aus dem erweiterten Bewusstseinszustand heraus und fixieren deine Aufmerksamkeit im Verstand, was deinen Spielraum unnötig einschränkt und dich nur schwer über deine gewohnten Denkschemata hinausgelangen lässt. Wir wollen ja gerade die Weisheit unseres höheren Selbst empfangen und der Kreativität als solcher erlauben, außergewöhnliche Lösungen in uns zu entfalten. Darum arbeiten wir konsequent auf der semantischen Ebene der konkreten Bildwelten mit der ihnen innewohnenden Logik und Zeichenhaftigkeit.

Es geht bei diesen Szenarien auch nicht darum, was im Einzelnen passiert. Es geht nicht um die Story als solche. Es geht einzig um die *emotionale* Realität, also darum, wie sich die Elemente der Story für dich oder deinen Übungspartner jeweils *anfühlen*. Egal, welche möglichen Varianten du während des *Symboling*-Prozesses verfolgst, du wirst immer zu einem aussagekräftigen Setting und einer heilsamen Conclusio gelangen, wenn du konsequent an den Emotionen entlang operierst.

... der Übungspartner ein Bild sieht, das sich von meinem unterscheidet?

Dann gehst du einfach mit deinem Partner in seinem Bild weiter – der Kunde ist König! Das Schöne ist ja, dass in einem fraktalen Universum alle Wege nach Rom führen. Wir können also keine Fehler machen, und es gibt auch keine falschen Bilder. In jedem Bild, das sich dir zeigt, finden sich die Kerngefühle, die der jeweiligen Blockade zugrunde liegen. Auch wenn ihr in deinem Eingangsbild arbeitet, entwickelt dein Übungspartner es in seiner Vorstellung weiter, oft bis zur Unkenntlichkeit. Als Moderator formulierst du lediglich die Fragen und gibst Impulse zur Veränderung, die du wiederum aus dem Quellbewusstsein bekommst.

... ich nur eine Figur im Bild sehe oder gar keine Figuren?

Ein *Symboling* ist nicht an »leibhaftige« Personen gebunden. Die Figuren sind ja letztlich nur ein symbolischer Ausdruck für bestimmte Gefühle, selbst dann, wenn sie eine dir bekannte Person präsentieren. Kannst du also niemanden im Bild entdecken, halte Ausschau nach Objekten, die sich in den Vordergrund deiner Wahrnehmung schieben, zum Beispiel nach einer Wand, einer Kiste oder einer Tür. Auch Gegenstände kannst du personifizieren und nach ihren Gefühlen befragen, zum Beispiel: Wie fühlt sich die Mauer, wenn sie einfach beiseitegeschoben wird wie eine Ziehharmonika? Oder: Wie geht es dem Kleiderständer in seiner dunklen Ecke? Wenn du die Gefühle einer Figur nicht sensitiv wahrnehmen kannst, lese sie einfach an der Körperhaltung oder am Gesichtsausdruck ab. In diesem Fall könntest du dem Auto einfach Augen auf die Scheinwerfer kleben – und schon hat es ein Gesicht. Seine Größe im Verhältnis zu anderen Figuren oder Objekten im Bild sowie seine Form und Farbe können dir weiteren Aufschluss liefern. Du kannst auch mit der Atmosphäre des Bildes arbeiten und dich in seine Landschaft oder Umgebung einfühlen. Wenn du irgendwo einen Anfang findest, können sich im weiteren Verlauf auch noch Figuren entwickeln oder deutlicher zeigen.

Wichtig ist es allerdings, dass du zwei Figuren oder Objekte hast, die du miteinander konfrontieren kannst. Denn ein Konflikt, auch ein innerer, entsteht ja gerade aus dem Spannungsverhältnis zweier Pole. Über deine Selbstsabotage nachgegrübelt hast du schon genug. Eine klare Gegenüberstellung einzelner widerstreitender Aspekte und deren Personifikation ermöglichen dir nicht nur mehr Durchblick, sondern erleichtern es dir auch, die blockierte Energie in sich kollabieren zu lassen, sobald die beiden Streithähne im Prozessverlauf zueinander gefunden haben.

Wenn du eine einzelne Person in einem Käfig siehst, kannst du etwa fragen: Wer hat dich dort eingesperrt? Und schon wird der Verantwortliche als zweite Figur auf der inneren Bildfläche erscheinen. Antwortet dein Gegenüber mit »Ich weiß es nicht«, formuliere deine Frage weniger direkt, etwa: Wenn du wüsstest, wer dich eingesperrt hat, wer könnte das sein? Oder auch: Wenn du nun eine beliebiges Wesen beschreiben müsstest, das dich eingesperrt hat, wie sähe das aus? Diese Frage eröffnet den Raum für wilde Spekulationen – und die wildeste trifft meistens ins Schwarze.

… ich einen Blackout habe oder während der Session nicht weiterweiß?

Es ist noch kein Meister vom Himmel gefallen. Nimm erst mal einen tiefen Atemzug und zieh dich aus dem Szenario heraus – du steckst zu tief drin! Dann wirst du dich auch gleich wieder erinnern, dass nicht du die Situation meistern musst, sondern alle Antworten und Hinweise, die zum guten Gelingen einer Session wichtig sind, bereits im Quellbewusstsein existieren – auf Abruf! Also, roll die Pupillen hinter den Augenlidern hoch, verstärke noch einmal die Theta-Frequenz und erlaube dir, einen Hinweis zu empfangen, wie es weitergehen soll.

… mein Übungspartner nichts fühlt (oder ich selbst nichts fühle)?

Nichts zu fühlen ist häufig eine Schutzfunktion und sollte auch als solche wertgeschätzt werden. Wenn das Motiv »Schutz« ist, braucht die Person »Vertrauen« aus dem Quellbewusstsein, um sich ihren tiefer liegenden Gefühlen öffnen zu können. Erleichtere es deinem Übungspartner, den Zusammenhang zwischen seiner Weigerung oder Unfähigkeit, etwas zu fühlen und seinem Bedürfnis nach Sicherheit zu erkennen, indem du ihn etwa fragst: Was ist das Gute daran, nicht zu fühlen? Was würde passieren, wenn du die Kontrolle verlörest, sobald du dich auf das Gefühl einließest?

Auch hier gilt es im Zweifelsfalle, die Information »was es braucht« wie bei jeder anderen Blockade aus dem Quellbewusstsein abzufragen und dieses dann per Impuls im Zellbewusstsein zu aktivieren.

Aufschluss über den emotionalen Gehalt eines Bildes liefert auch der Ausdruck der darin eingebundenen Figuren. Solange du oder dein Übungspartner anhand der Körpersprache eines Wesens erkennen kannst, wie es sich jeweils fühlt, seid ihr in Kontakt mit dem Gefühl, wenn auch nur über die visuelle Ebene. Es bedarf keiner körperlichen Sensationen, um eine emotionale Verbindung herzustellen.

... während des Prozesses Widerstände auftauchen und der Energiefluss stagniert?
Widerstände während eines Prozesses sind das Normalste der Welt. Wenn der Energiefluss zwischen zwei Wesen stagniert, ist das ein Zeichen, dass sich eines der Wesen gegenüber dem anderen unsicher, vielleicht sogar von ihm bedroht fühlt. Darum kann es beim besten Willen nicht zulassen, dass die Energie zwischen beiden zirkuliert. Im Zweifelsfalle kann es auch nichts Gutes von dem anderen Wesen annehmen. Es baut einen Schutzmechanismus dagegen auf, einen Panzer oder eine Mauer, die oft aus dem Gefühl von Groll besteht oder aber aus vermeintlicher Überlegenheit.

Diesen Widerstand gilt es nun als solchen zu würdigen. Du besänftigst ihn am besten, indem du ihn als eigenständiges Wesen personifizierst und dem Widerstand Dankbarkeit und Wertschätzung darüber zukommen lässt, dass er so auf Zack ist und die Person oder das andere Wesen so gut beschützt. Frage den Widerstand, was er bräuchte, um seinem Schützling erlauben zu können, mit dem anderen Wesen in näheren Kontakt zu treten. Interessanterweise ist die Energie, die der Widerstand braucht, oft identisch oder zumindest dicht dran an dem Kerngefühl, das dem gesamten Prozess zugrunde liegt. Nähre dieses Bedürfnis über das Quellbewusstsein, und der Widerstand wird schmelzen oder zurücktreten, sodass die Hauptfigur mit dem Antagonisten des Bildes eine tiefere Verbindung herstellen kann. Diese kann auch einfach darin liegen, dass beide einander in ihrem Kerngefühl »erkennen« und sich in die Augen schauen. Sobald sich dabei ein Gefühl von Akzeptanz und Frieden einstellt, weicht die blockierte Energie positiven Gefühlen.

... mein Übungspartner anfängt zu weinen, zu zittern oder andere körperliche Reaktionen zu zeigen?

Treffer! Da seid ihr wohl in den Kern vorgedrungen, und jetzt geschieht Heilung – die unterdrückte Emotion bahnt sich ihren Weg ins Freie. Kein Grund, darüber beunruhigt zu sein! Alles, was dein Partner jetzt braucht, ist ein mitfühlendes und Vertrauen förderndes »Raumgeben«. Bestätige deinem Gegenüber, dass es gut ist, was geschieht, und dass sich jetzt etwas löst, was ihn lange blockiert hat – vor allem aber auch, dass du jetzt da bist und er sich getrost fallen lassen kann.

Selbst heftige Muskelzuckungen oder starkes Zittern müssen uns nicht ängstigen und sollten nicht unterdrückt, sondern in ihrer Funktion erkannt und angenommen werden. So beruhigen sie sich am schnellsten, und die traumatischen Energien können abfließen oder aus dem Körper rausgeschüttelt werden. Allerdings erfordert die Bearbeitung wirklich tiefer Traumata eine profunde therapeutische Erfahrung. Als Anfänger solltest du dich nicht an deren selbstständige Bearbeitung wagen – zumindest nicht ohne eine professionelle Supervision, wie ich sie mithilfe meiner Assistentinnen auf meinen Seminaren gewährleiste oder wir sie in den betreuten Übungsgruppen für Absolventen anbieten[7]. Dort können wir notfalls unterstützend eingreifen und einen aus dem Ruder geratenen Prozess heilsam zu Ende führen.

... starke körperliche Widerstände gegen den Prozess auftreten?

Auf einem meiner Seminare habe ich einmal mit einer Frau gearbeitet, die vor und während des Prozesses heftige körperliche Affekte in Form von Muskelzuckungen und Würge-

---

7 Informationen über *ThetaFloating*-Seminare und Übungsgruppen findest du neben einemvon meinem Team betreuten Online-Forum unter www.thetafloating.com.

reiz zeigte. Sie litt unter so extremen Erschöpfungszuständen, dass sie außerstande war, etwas zu unternehmen, das ihr Freude bereitete. Ihre gesamte Energie musste sie aufwenden, um ihre Gefühle und ihre Neigung zur Selbstverletzung zu unterdrücken. Aus unserem bildlichen Szenario ging recht schnell hervor, worin ihr Kerngefühl bestand, nämlich unerwünscht zu sein und abgelehnt zu werden – ein existenzielles Gefühl, das in ihr starke Todesängste auslöste. Doch sie konnte sich nicht darauf einlassen, das Gefühl auch wirklich wahrzunehmen. Wann immer wir es ansprachen, verspürte sie eine unbändige Wut gegen die Übermacht, von der sie sich bedrängt fühlte. Diese Wut nahm ihren gesamten Raum ein. Sie musste würgen, und ihr ganzer Körper wurde von heftigen und ruckartigen Kontraktionen geschüttelt, als sei sie von einer finsteren Macht besessen; und das war sie ja gewissermaßen auch.

Indem ich nun jeden ihrer Impulse, sich durch Selbstverletzung Abhilfe zu verschaffen, sowie jeden ihrer körperlichen Affekte in unserem Szenario als einen besonderen Schutzgeist aufstellte, den ich ausdrücklich dafür wertschätzte und honorierte, dass er sie so tapfer verteidigte, gegen die Bedrohung abschirmte oder sie festhielt, um sie vor dem Absturz zu bewahren, ließ er sich augenblicklich besänftigen. Der Widerstand der Frau ließ spürbar nach, ihre Energie wurde weicher – und allmählich war sie imstande, die bedrohliche Übermacht, die sie als »die Gesellschaft« bezeichnete, friedlich, harmonisch und liebevoll in ihr System zu integrieren. Die Schutzgeister, ihre inneren Wächter, traten zurück und gaben den Raum frei für Wohlgefühle, die sie kaum mehr gekannt hatte. Die Wächter waren für den Notfall immer noch abrufbereit, hielten sich ansonsten aber im Hintergrund. Am Ende sah diese Frau sich selbst nicht nur als strahlendes Licht inmitten der Gesellschaft stehen, sondern sie strahlte auch äußerlich über das ganze, bis dahin von Anspannung und Angst gezeichnete Gesicht.

Als schöner Nebeneffekt konnte ihre Übungspartnerin, die ähnlich traumatisiert war wie sie, eins zu eins von diesem Prozess profitieren – ihre Blockaden lösten sich durch ihre pure Anteilnahme synchron zu denen ihrer Freundin. Die Sturzbäche an Tränen, die ihr während der gesamten Dauer über das Gesicht liefen, spülten auch ihre autoaggressive Energie davon.

Beide Frauen waren mir für meine unkonventionelle Herangehensweise unendlich dankbar. Sie waren es gewohnt, dass Therapeuten oder Sozialarbeiter aus ihrem Umfeld ihr selbstverletzendes Verhalten missbilligten und es mit allen Mitteln zu unterbinden versuchten. Doch was wir bekämpfen, das erzeugt erst recht unseren Widerstand. Indem wir diese Mechanismen mangels Alternativen als sinnvolle Überlebensstrategie umdefinieren und ihnen unsere Dankbarkeit und Wertschätzung entgegenbringen, gewähren wir ihnen genau jene Existenzberechtigung, an der die Person selbst ja so schmerzhaft zweifelt – in dieser emotionalen Spiegelung liegt der Schlüssel zur Heilung! Durch die Anerkennung der Emotionen, die in einem Muster oder Mechanismus enthalten sind, gewinnen wir wieder Kontrolle darüber, und seine destruktive Gewalt verwandelt sich in eine hilfreiche Kraft. Dieses Prinzip gilt auf allen Ebenen – auch auf der körperlichen.

... ich mich nicht in den Bildern zurechtfinde?
Übe dich in der Kunst der passiven Beobachtung. Nimm in den Bildern immer nur wahr, was ist, nicht, was deinem Ego nach sein sollte. Deine Seele erschafft die passenden Bilder für dich und sorgt selbst für den heilsamen Ablauf der Szenarien. Überlasse dich einfach der Eigenintelligenz dieser Filme. Um dich in ihnen zurechtzufinden, stelle immer nur

diese schlichten Fragen: Wie fühlt sich das an? Wie sieht das Wesen aus, welche Stimmung bringt es mit seiner Körperhaltung, seiner Mimik oder seinen Farben zum Ausdruck? Was will es dir sagen? Welche Absicht, welche Botschaft steckt hinter seiner Erscheinung? Wie würde es reagieren, wenn ich dieses oder jenes (mit ihm) täte?

Dahinter steckt keine objektive oder geheiligte Wahrheit, sondern einfach nur ein Aspekt deiner Persönlichkeit, der wahrgenommen werden möchte, damit er sich verabschieden oder integriert werden kann – was dicht beieinander liegt. Annehmen und Loslassen sind zwei nur scheinbar gegensätzliche Momente ein und desselben Prinzips. Damit du etwas Unliebsames loslassen kannst, musst du es zunächst annehmen. Solange du etwas leugnest oder verdrängst, wird es dich aus dem Schatten heraus manipulieren und deine guten Absichten sabotieren.

Ich beobachte meine Seminarteilnehmer bei der Gestaltung ihrer ersten *Symboling*-Sessions mit einem Übungspartner immer wieder bei ihrer Neigung, gerade eben in Wallung geratene Emotionen sofort verarzten zu wollen, lange bevor sie wirklich an ein Kerngefühl gelangt sind. Am Ende wundern sie sich dann, warum sie nach der Session keinen großen Effekt verspüren. Ihre Berührungsängste mit tiefen Gefühlen sind deutlich spürbar. Innere Klärung beginnt mit einer gründlichen emotionalen Bestandsaufnahme. Erlaube allen Gefühlen, an die Oberfläche zu steigen, ohne ihnen gleich mit deinem Verbandskasten aus *Licht und Liebe* zu Hilfe zu eilen. Ein unliebsamer Aspekt wird sich verwandeln oder auflösen, sobald du ihn im Kern zur Kenntnis genommen und die verdrängte Emotion, die er dir zu Bewusstsein bringt, durch aktives Hineinspüren angenommen hast. Der kürzeste Weg aus unangenehmen Gefühlszuständen führt mittenhindurch.

... sich ein Muster nicht »löschen« lässt oder zurückkehrt?

Ein erfolgreich bewältigtes Muster verschwindet nicht wirklich aus deinem Energiefeld. Programme lassen sich nicht im eigentlichen Sinne löschen, wie es das neurolinguistische Programmieren (NLP) oder dem entsprechende spirituelle Methoden wie *ThetaHealing* vorsehen. Im Gegenteil: Die abermalige Abspaltung, die mit der Absicht des »Löschens« einhergeht, sorgt allenfalls für eine unkontrollierte Verlagerung des Symptoms. Alles, was jemals existiert hat, lässt sich potenziell reaktivieren. Ein überwunden geglaubtes Denkmuster kehrt zuverlässig zurück, sofern der emotionale Mangel, aus dem es sich gespeist hat, nicht behoben ist. Denn hinter einem Glaubenssatz oder negativen Einwand steckt eine Befürchtung, ein unerfülltes oder bedrohtes Bedürfnis – das ist der eigentliche Kern eines jeden Problems. Sobald es dir jedoch gelingt, einen Konflikt emotional zu entladen, indem du deine verdrängten Anteile integrierst und mit heilsamen Gefühlen nährst, schwebt die destruktive Überzeugung nur mehr als ein blutleeres Phantom in deiner Matrix. Mit der entsprechenden Achtsamkeit bleibt von deinem alten Komplex schließlich nichts weiter übrig als ein Hauch von Erinnerung oder ein schwacher Abklatsch, der dir dann und wann auf der Spirale deiner Entwicklung auf einer anderen Ebene wiederbegegnet – und den du dann wie ein Gaukelspiel deines früheren Ichs nur mehr in homöopathischen Dosen »genießen« darfst. Der enorme Leidensdruck, der einst damit verbunden war, ist daraus entwichen.

Die emotionale Ladung entscheidet über den Dichtegrad oder die Hartnäckigkeit eines Musters. Es gewinnt an Kraft und Überzeugung, je stärker wir es mit unserer Aufmerksamkeit aufladen (je stärker sich etwa unsere Bedürftigkeit auf die Befriedigung im Außen fixiert), und es wird umso blasser und unscheinbarer, je mehr wir unsere Aufmerksamkeit von seiner Außenprojektion abziehen, indem wir in uns selbst Erfüllung finden. Kollektive Überzeugungen sind grundsätzlich schwieriger zu durchbrechen als persönliche, weil eine Vielzahl von Individuen ihre Energie darin einspeist und wir sie darum für wahrhaftiger halten.

Je größer dein Problem oder dein Widerstand gegen eine Sache, desto mehr Energie gewinnst du, sobald du das Motiv deiner Blockade emotional durchdrungen hast. Betrachte deine persönliche Entwicklung wie ein *Adventure Game*. Die Bewältigung der dicksten Probleme bringt am meisten Punkte und katapultiert dich am schnellsten auf den nächsthöheren Level deines Bewusstseins. Ablenkung oder anderes Vermeidungsverhalten bringt dagegen Punktabzug – Verdrängung schwächt deine Energie.

Warum soll der Moderator das Bild vorgeben – wäre es nicht besser, das dem Klienten zu überlassen?
Meist hat der Klient sein Problem schon länger und bestimmt auch schon die eine oder andere Theorie oder Interpretation dazu im Repertoire seines Bewältigungsbaukastens. Ein frisches Bild aus dem Quellbewusstsein von dir als unbeteiligter Person ist da meist hilfreich, um einen Ausstieg aus dem Kopf und einen guten Einstieg in die innere Bilderwelt der Theta-Frequenz zu bekommen. Hast du erst einmal ein Bild empfangen und der Klient ist mit eingestiegen, überlasse ihm die Entwicklung des Bildes und behalte lediglich das Ziel im Blick, den Protagonisten und den Antagonisten im Bild auf der emotionalen Ebene zueinanderzuführen.

Wie gehe ich als Anfänger mit einer schwierigen, traumatischen Situation um?
Mit Liebe und Mitgefühl, aber nicht mitleidig. Gehst du ins Mitleid, bestätigst du dein Gegenüber in seinem Opferbe-

wusstsein und steigst auf das Drama ein, aus dem du ihm ja gerade heraushelfen willst. Wenn sich Mitleid in dir regt, ist dies außerdem ein Hinweis darauf, dass du nicht wirklich mit dem Quellbewusstsein verbunden bist. Jenseits des Egos gibt es keine unlösbaren Probleme! Aus diesem Zustand heraus spürst du auf der Ebene der Person nur herzenswarme Verbundenheit und mitfühlende Anteilnahme, ansonsten bleibt dein Geist frei, um eine kreative Lösung anzusteuern.

Wenn du dagegen ernsthaft befürchtest, die Situation könnte eskalieren, hol dir lieber eine qualifizierte Unterstützung, bis du dich sicherer in deiner Rolle als Moderator und Begleitperson fühlst. Je souveräner du bist, desto leichter machst du es deinem Gegenüber, seine emotionalen Schleusen zu öffnen; das ist weniger eine Frage deiner technischen Fertigkeiten als eine Frage deiner Ausstrahlung. Das Zellbewusstsein von Trauma-Patienten hat einen sechsten Sinn dafür, ob und wem gegenüber es sich öffnen kann und wann es seine Energiedepots lieber unter Verschluss hält. Meiner Erfahrung nach bahnen sich tiefe traumatische Erlebnisse und die darin eingeschlossenen Gefühle nur ihren Weg an die Oberfläche, wenn auch der Raum da ist, in dem sie sich zeigen dürfen und transformieren können. Die Macht der Verdrängung, die vorübergehend lebensrettend sein kann, auf Dauer allerdings unsere Energie unterhöhlt, sollten wir nicht unterschätzen.

Deine Aufgabe als Moderator ist es vor allem, den Raum zu halten, in dem sich ein tiefes Gefühl lösen darf. Das kann bedeuten, den Schmerz des anderen zu bezeugen und mit auszuhalten, in dem Bewusstsein, dass es ein Schritt zur Heilung ist, wenn sich dieser Schmerz in einer *ThetaFloating*-Session offenbart. Wenn du das Gefühl hast, dein Übungspartner ist mit der Situation emotional überfordert, kannst du ihn zwischenzeitlich stabilisieren, indem du das Quellbewusstsein fragst, welche Qualität oder Energie es dazu braucht. Beobachte anschließend, wie diese Energie in eurem Prozess Raum greift – der Unterschied ist in der Regel augenblicklich spürbar. Hin und wieder kann es auch helfen, per Impuls nochmals die Erdung zu verstärken.

Kann ich meine traumatischen Erfahrungen selbstständig bearbeiten?

Jedes traumatische Erlebnis und die daran gebundenen Emotionen werden bei der Heilung Schicht um Schicht abgetragen. Wenn du schon ein paar Schichten durchdrungen hast und der emotionale Druck nicht mehr so explosiv ist, wenn du dich nicht mehr so stark mit dem Opferbewusstsein identifizierst, dass es dir den Boden unter den Füßen wegzureißen droht, dann kannst du mit *ThetaFloating* gut selbstständig dein Trauma weiter bearbeiten. Sollten die mit dem Trauma verbundenen Gefühle dich jedoch noch sehr stark mitreißen, solltest du dich einem erfahrenen Anwender anvertrauen, der dich durch deinen Prozess begleitet. Unter www.thetafloating.com kannst du eine Liste mit qualifizierten Anwendern anfordern.

Woher weiß ich denn jeweils, was ich meinen Übungspartner als Nächstes fragen soll?

Indem wir uns bewusst machen, was unser Ziel ist, haben wir eine Art roten Faden, der uns durch den Prozess lenkt. Zu wissen, wo du mit deinem Gegenüber hinwillst, ermöglicht es dir zuweilen, verschiedene Schachzüge im Voraus zu planen – so kannst du geschicktere Fragen formulieren und den Prozess besser steuern. Allerdings solltest du dich dabei nicht auf ein bestimmtes Ereignis fixieren, sondern stets frisch und präsent in dem bleiben, was sich tatsächlich zeigt. Im Zweifelsfalle bestimmt der Klient den Weg. Dann ist es lediglich deine Aufgabe, ihn durch gezieltes Fragen unbeirrt in sein Kerngefühl zu manövrieren.

Ziel eines *Symbolings* ist es, den abgespaltenen und ungeliebten Aspekt (im Bild als Antagonist personifiziert) wieder zu integrieren. Dies kann in dem Moment gelingen, wenn sich der Teil, mit dem sich dein Partner am meisten identifiziert (Protagonist), im Gegner emotional gespiegelt sieht. Dadurch entsteht eine mitfühlende Verbindung zwischen den beiden Aspekten, und die blockierte Energie löst sich. Es gilt, konsequent den Gefühlen auf der Spur zu bleiben. Die häufigste Frage, die du nach jeder kleinen Veränderung des Szenarios stellen kannst, lautet darum ganz simpel: *Wie fühlt sich das an?* Wenn du wirklich einmal nicht mehr weiterweißt, kannst du dir immer wieder einen neuen Impuls aus dem Quellbewusstsein ziehen und danach schauen, was dich im Bild am meisten interessiert und deine Aufmerksamkeit erregt.

Kann ich meinen Partner mit *ThetaFloating* ändern?
Das hättest du wohl gerne! Dein Partner spiegelt gerade mit jenen Eigenschaften oder Verhaltensweisen, für den du ihn am liebsten auf den Mond schießen würdest, *deine eigenen* ungeliebten und noch nicht integrierten Aspekte. Wenn du jetzt Verantwortung für dein Leben übernimmst, in den vorgehaltenen Spiegel schaust und mit *ThetaFloating* die darin enthaltenen Kerngefühle befreist, ändert sich deine Realität. Entweder dein Partner bekommt durch die neue Energie im gemeinsamen Feld einen Impuls, sich an deiner Seite ebenfalls stärker zu entfalten, oder du entwickelst mehr Gelassenheit in diesem Punkt.

Wie funktioniert die Arbeit mit kleinen Kindern?
Kinder reagieren hervorragend auf Impulse aus dem Theta-Stadium, denn sie selbst befinden sich bis zum siebten Lebensjahr überwiegend in dieser Gehirnwellenfrequenz. Du kannst zum Beispiel Schmerzen beim Zahnen oder Wachsen

durch eine optimale Endorphinausschüttung zu ihrem höchsten Wohl regulieren, angesichts ihrer Ängste vor neuen Situationen (Kindergarten, Schule usw.) das Vertrauen im Zellbewusstsein aktivieren oder sie bei fachbezogenen Schulschwierigkeiten mit dem Informationsfeld der Mathematik oder der französischen Sprache verbinden.

Auch *Symboling* lässt sich hervorragend mit ihnen spielen. Kinder sind Meister der Fantasie, stellen keine zweifelhaften Fragen und sind zumeist noch in hervorragendem Kontakt zu ihren Gefühlen. Für sie ist der Umgang mit merkwürdigen Wesen und Symbolen eine Selbstverständlichkeit.

Wenn dich allerdings eine Mutter bittet, ihrem Kind zu »helfen«, weil sie nicht mehr mit ihm klarkommt, ist es ratsam, erst einmal bei der Mutter zu schauen, was das Kind *von ihr* spiegelt. Häufig lösen sich dann die Probleme mit dem Kind wie von Zauberhand.

Wirkt *ThetaFloating* auch bei Tieren?
Hier gilt im Prinzip das Gleiche wie bei kleinen Kindern. Es ist möglich, an Tieren mit Impulsen zu arbeiten – sie reagieren oft eins zu eins darauf, sofern der Impuls ihrem höchsten und besten Wohl dient. So konnte ich etwa einmal die Riesenschnauzerdame meiner Freundin von ihrem Schock erlösen, den sie durch die Berührung mit dem Elektrozaun einer Pferdekoppel erlitten hatte. Die Hündin zitterte wie Espenlaub am ganzen Körper, und alles Streicheln und Beruhigen half nichts. Durch einen schlichten Impuls im Theta-Zustand, mit der Absicht, den Schock aus ihrem Zellbewusstsein zu lösen, war sie augenblicklich ruhig.

Wir können sogar ganze *Symboling*-Sessions in unserem Inneren für ein Tier ablaufen lassen. Aber oft ist auch hier das Tier nur Symptomträger für »seinen« Menschen. Dann gilt es, das Tier durch die Arbeit mit dem Menschen von dessen Übertragung zu befreien.

**Kann ich auch mit jemandem arbeiten,
der nichts davon weiß?**
Das kann durchaus funktionieren, allerdings bin ich persönlich kein Fan von dieser Variante der Fernheilung. Denn du bringst die Person damit um die Chance, an der Bewusstwerdung ihrer verborgenen emotionalen Motive zu wachsen. Ich bevorzuge grundsätzlich bewusste Prozesse mit echten Aha-Erlebnissen. Außerdem gebe ich zu bedenken, dass es deiner Integrität untersteht, dabei nicht den freien Willen einer Person zu übergehen, mögen deine Beweggründe auch noch so wohlmeinend sein. Am besten holst du dir also vorher immer die Erlaubnis deiner Lieben ein. Wenn eine Person sich gegen eine eigenverantwortliche Verbesserung ihrer Lebensumstände sperrt, hast du kein Recht, ihr eine Behandlung aufzudrängen. Da kannst du nur mit eigenem Vorbild vorangehen und sie durch deine Erfahrungen und Anregungen inspirieren, bis sie bereit ist, das heilende Verfahren selbst auszuprobieren – oder auch nicht.

**Kann ich mit *ThetaFloating* wirklich alle
meine Probleme meistern?**
Deine persönliche Meisterschaft liegt in der bewussten Durchdringung und Integration deiner Probleme – nicht jenseits davon. Ein Meister ist nicht frei von Schwächen. Vielmehr weiß ein Meister um seine Defizite und kann darum verantwortungsvoll mit ihnen umgehen. Unsere Aufgabe als Menschen besteht nicht darin, zu lernen, wie wir es anstellen, permanent glücklich zu sein. Unser Bestreben sollte darin bestehen, integer zu sein.

Je mehr deiner eigenen Schwächen und Schattenanteile du in dein Bewusstsein integriert hast, je mehr du dir ihrer bewusst bist und sie angenommen hast, desto barmherziger bist du gegenüber den Schwächen anderer. Das heißt nicht nur, dass du nachsichtiger gegenüber anderer Leute Fehlverhalten sein kannst, sondern dass du dich davon weniger aus der Reserve locken lässt oder persönlich angegriffen fühlst. Du ruhst in dir selbst und strahlst von deiner Mitte her nach außen. Dadurch bist du automatisch von einem starken Kraftfeld umgeben, einer gesunden Aura oder energetischen Grenze, die weder dein innerstes Befinden noch andere Menschen ausschließt.

Deine Integrität wirkt wie ein Magnet – anziehend auf jene, die bereit sind, sich von deinem Wesen berühren zu lassen, und »abstoßend« oder Respekt einflößend auf solche, die noch in Spiele der Dominanz, Kontrolle und Manipulation verstrickt sind.

Praxisteil 2:
ThetaFloating solo –
Symboling, Mediales Schreiben,
Cosmic Coaching

Sieh die Schwäne ihre Kreise ziehen. Jeder Schwan hütet ein Geheimnis. Jeder Schwan ist der Himmel. Versenke dich in ihr Gefieder und stelle ihnen eine Frage. Irgendeine. Sie werden dir antworten. Dir werden Schwimmhäute wachsen. Oder hättest du gerne Flügel?

Hinter deiner größten Blockade steckt dein größtes Potenzial

Es ist fast ausgeschlossen, gleichzeitig aufrichtig und langweilig zu sein.

JULIA CAMERON

Da sitzt er also wieder, der Schweinehund. Zuverlässig nimmt er auf meiner Tastatur Platz und wedelt mit dem Schwanz, sobald ich gefragt werde, wann denn mal endlich mein Text käme. Seit meiner Studienzeit, während meiner zwölfjährigen Laufbahn als Literaturjournalistin und sogar als Performerin der freien Theaterszene stand ich immer wieder vor meiner vehementen Weigerung, meinen frei schwebenden oder auch wild umherflatternden Geist in einen Text zu sperren, dessen Genre, Form und Inhalt mit einem Professor, Auftraggeber oder Veranstalter abgestimmt war – selbst dann, wenn ich das Thema für den Artikel oder Aufsatz aus eigener Initiative vorgeschlagen hatte.

Mein Problem war nie das Schreiben an sich. Seit ich einen Stift halten konnte, habe ich geschrieben, gern und viel, und dabei die verschiedensten Genres erkundet. Das Problem war eher die konkrete Erwartung meiner Abnehmer, die ich sogleich verinnerlichte und gegen mich selbst richtete, sozusagen als Exekutive ihrer Erwartungen. Sobald der Auftrag mit einem Abgabetermin im Außen besiegelt ist, zieht sich meine Bereitschaft in ihr Schneckenhaus zurück.

In der Uni fand ich es entsetzlich, wenn ich vorab eine Gliederung einreichen sollte. Gliederungen erstickten meinen Forschergeist im Keim. Sobald feststand, worauf es inhaltlich hinauslaufen sollte, verlor ich das Interesse an dem Sujet. Wenn ich imstande war, einen Stoff zu strukturieren, hatte ich das Gefühl, bereits alles darüber herausgefunden zu haben – was sich beim Schreiben, insbesondere bei der Reinschrift, schließlich zuverlässig als Irrtum erweisen sollte. Ich machte vielmehr die Erfahrung, dass ich erst beim Schreiben, beim verbalen Eingrenzen, Abtasten und allmählichen Präzisieren einer Materie deren Gehalt wirklich in seiner Tiefe durchdrang. Nach seiner Fertigstellung war ich in der Regel stolz auf mein Werk.

Diese Erfahrung half mir jedoch nicht, meine Starthemmungen und eine hartnäckige Aufschieberitis in den Griff zu bekommen, die immer extremere Ausmaße annahm und regelmäßig dazu führte, dass ich schließlich unter brutalen körperlichen wie nervlichen Bedingungen Tag und Nacht schreiben musste, um den Abgabetermin noch zu halten. Oft genug schoss ich darüber hinaus, was jedes Mal glimpflich ausging – bis auf eine Ausnahme, mit verheerenden Folgen: Ich blamierte mich bei einem Vortrag auf dem größten internationalen Fachkongress der Kinderliteraturszene, bei dem auch alles Improvisieren nichts half, weil ich den Stoff einfach nicht beherrschte und vor lauter Übernächtigung kaum noch sprechen konnte. Als ich das Podium betrat, litt ich unter Schwindel, Sehstörungen und tosenden Kopfschmerzen. Nachdem ich es verlassen hatte, nahm ich den nächsten Zug heimwärts und fiel für die Dauer eines halben Jahrs in eine mittelschwere Depression. Ich hatte die Erwartungen meiner Auftraggeber enttäuscht und schämte mich in Grund und Boden.

Während dieser Zeit restaurierte ich zwar mit einer Serie brillanter Artikel, die ich aufgrund meines Burnouts unter großer Kraftanstrengung schrieb, meinen Ruf als Kritikerin und gewann einen Literaturwettbewerb für ein exquisites Designmagazin. Allerdings ließ ich beinahe kampflos die Abgabefrist meiner Magisterarbeit verstreichen. Kaum hatte das Prüfungsbüro mir mitgeteilt, dass ich damit für die erste Runde durchgefallen war, war meine Depression wie weggeblasen – ich fühlte mich total befreit, dass ich mich erst in einem Jahr wieder zur Examensprüfung würde melden müssen. Anderthalb Jahre später ratterte ich meine Magisterarbeit in fliegender Angst vor dem letzten Fallbeil innerhalb einer guten Woche runter. Ich war wie auf Koks. Auf dem Beifahrersitz des VW-Busses, mit dem mein Exfreund mich am Tag der Abgabe zur Uni fuhr, verfasste ich abschließend noch das Inhaltsverzeichnis. Mit meinen letzten Euros ließ ich die drei Pflichtexemplare binden. Zehn Minuten vor Schließung des Prüfungsbüros legte ich mein Werk auf den Tisch. Auf dem Rückweg brach ich in hysterisches Gelächter aus, danach fiel ich erneut in Depression. Zwei Monate später wurde mir die Note mitgeteilt: sehr gut. Ich schrieb eine einzige müde SMS an meinen Exlover, ansonsten verlor ich über mein Happy End kein Wort mehr. Ich war ausgebrannt.

Neben dem Studium arbeitete ich für Fachzeitschriften, bei denen ich sowohl inhaltlich als auch stilistisch einen maximalen Entfaltungsspielraum hatte. Bei meinem Stammblatt genoss ich wegen meiner »knackigen Schreibe« sogar eine regelrechte Narrenfreiheit. Meine Texte wurden mit Kusshand genommen und eins zu eins im Wortlaut gedruckt – eine Gunst, die vielen meiner Kollegen nicht zuteilwurde. Aber auch hier das gleiche Spiel mit der »Todeslinie«, Jahr für Jahr, Auftrag für Auftrag. Ich war in allen einschlägigen Redaktionen bekannt für meine Kurz-vor-knapp-Strategie. Ich machte mir einen regelrechten Sport daraus, mich erst an die Tastatur zu setzen, wenn die Deadline gerade verstrichen war. Allerdings hatte ich keine Freude an diesem Sport. Mein schlechtes Gewissen machte mir das Leben, wenn nicht zur Hölle, dann zumindest mächtig mies.

Ist das vielleicht der Clou an der Sache? Braucht mein System diesen ständigen Nachschub an Schuldgefühlen?

Aus der Epigenetik ist bekannt, dass ein energetisches Muster, das in die Zellwände eingebrannt ist, ständig nach dem Stoff verlangt, aus dem es gemacht ist, um sich selbst am Leben zu erhalten. Die Rezeptoren eines Schuldmusters hungern nach einem ganz speziellen biochemischen Cocktail, der im persönlichen Empfinden die Gefühle von Schuld erzeugt. Da dem Verstand das Gefühl irrational erscheint, wenn es keinen nachvollziehbaren Grund hat, sich zu äußern, sorgt er selbst für diesen Grund, aus dem sich die Person dann unbehelligt schuldig fühlen kann. Eine Emotion geht dem mentalen Konstrukt, in das sie eingebunden ist, stets voraus. Das Fühlen kommt vor dem Denken.

Im Laufe der Jahre habe ich allerhand Erklärungskonzepte zu meiner Schreibblockade entwickelt, die mich jedoch allesamt nicht weiterbrachten. Mit dem prominenten Ausspruch von Ulrich Erckenbrecht fühlte ich mich schließlich in trauter Gesellschaft: »Schriftsteller sind bekanntlich Menschen, denen das Schreiben schwerfällt – bei den schlechten merkt man es.« Dabei fällt mir das Schreiben ja gar nicht schwer. Nur das Anfangen. Und nur, wenn es ernst wird. Stichwort: Erwartungen.

Auch dieses Buch erscheint ein halbes Jahr später als geplant. Natürlich aus lauter triftigen Gründen. Nie waren die Gründe so triftig wie heute, da ich über so wirksame Werkzeuge zum Erschaffen meiner Realität verfüge. Der gegenwärtige ist sogar so stichhaltig, dass er mir gar nicht wie eine Blockade erscheint, sondern einfach als Fakt: Oder wie soll ich neben dem überwältigenden Arbeitspensum, das mit dem schnellen Boom von *ThetaFloating* einhergeht und das meine gesamte Energie erfordert, auch noch ein Buch schreiben, ohne mir schon wieder die Nächte um die Ohren zu schlagen und meinem kaum entronnenen Muster der Selbstausbeutung frische Nahrung zu geben? Wie beim Kopf der Hydra, der für jeden abgeschlagenen Kopf zwei neue Köpfe nachwachsen, wachsen auch ohne Manuskript mit jeder erledigten Aufgabe mindestens zwei Aufgaben nach. Arbeit ist aus der Sicht meiner protestantischen Gene immer schon ein guter Vorwand gewesen.

»Da soll es so eine wirkungsvolle Technik geben«, feixen dann meine guten Geister.

»Sagt bloß!«

»Im Ernst! Hast du es schon mal mit einem *Symboling* zu diesem Thema probiert?«

»Ja, aber ...«

»Aber was?«

Keine Ausreden mehr! Zurück zum Schweinehund. Während der Verlag also Monat für Monat an mich appelliert, endlich das Manuskript fertigzustellen, nehme ich meine alte Blockade mit meinen neuen Werkzeugen endlich einmal gründlich unter die Lupe – und zwar schreibend. Wäre doch genial, zwei Hydraköpfe mit einer Klappe abzuschlagen, indem sich mein Widerstand in ein fertiges Manuskript verwandelte!

Versuche ich nicht schließlich, meinen Schülern zu vermitteln, dass hinter ihrer größten Blockade ihr größtes Potenzial verborgen liegt? Wäre das nicht so, würde ich heute nicht vor Hunderten von Leuten stehen, um ihnen beizubringen, wie sie ihre problematischen Muster in positive Kräfte verwandeln können. Ich selbst war bis vor einigen Jahren noch schwer traumatisiert und konnte meine problematischen Muster in ein erfolgreiches Leben verwandeln. Darum kenne ich mich mit problematischen Mustern und ihrer Auflösung nun so gut aus, dass ich mit der Thematik meinen Lebensunterhalt verdienen und obendrein mehrere Mitarbeiter ernähren kann.

Ich mache mich also bereit, die kreativen Geister zu mir zurückzurufen, die ich im Eifer meines schnöden Pflichtgefühls immer wieder von meinem Schreibtisch verbanne. Mögen sie mein Manuskript von jenem Abstellgleis abholen, auf das ich es vor lauter Plansoll- und Ergebnisfixierung manövriert habe! Ich schließe die Augen, expandiere in den Theta-Zustand und bitte meine ikonografische Muse um einen erhellenden Spot auf meinen Dickschädel.

Symboling solo

Vor meinem inneren Auge offenbart sich ein sternförmiger Platz aus hellem Kies. Fünf Wege gehen von ihm aus, umsäumt von lichtgrünen Wiesen. Sie weisen in eine sonnige Zukunft. Doch kann ich keiner der Verheißungen nachgehen, denn ich kauere in der Mitte des Platzes in einem Käfig, nage an vergammelten Knochen, raufe mir die Haare, schwinge meine Fäuste gen Himmel und ergehe mich in Wehklagen. Schließlich verbeiße ich mich in den Gitterstäben. Es ist ein Käfig für Federvieh.

Aus der Distanz der Metaperspektive muss ich über die Absurdität meiner Verbohrtheit lachen – als ersten heilsamen Impuls. Ich erkenne deutlich, wie ich auf der Ebene der Person so tief in mein Thema verstrickt bin, dass ich mich vollkommen mit meinem Gefühl der Gefangenschaft identifiziere und mich folglich ausgeliefert fühle. Der Käfig ließe sich durchaus öffnen, wenn ich den Draht aufwickeln würde, mit dem seine Tür verschlossen ist; es wäre mühselig, aber eine Möglichkeit, mich selbst zu befreien (und es gibt bessere, wie sich bei näherem Hinschauen zeigen wird). Stattdessen sende ich meine Klagen in die Welt, empöre mich über die Zumutung meiner Gefangenschaft und erwarte, dass mir von irgendwo aufgetan wird. Ich gebe die Verantwortung und damit meine Macht an die vermeintliche Außenwelt ab. Typisch Ego!

Nun meldet sich mein innerer Moderator zu Wort, der mich durch den Prozess begleitet:

Wer hat dich dort eingesperrt? / Ich selbst natürlich. / Welcher Aspekt deines Selbst? Kannst du ihn identifizieren? / Eine Lumpenhexe umkreist den Käfig, humpelnd und kichernd. Sie rasselt mit einem alten Schlüsselbund. / Was will sie, was hat sie vor mit dir? Schau dir diese Frau in Ruhe an. Liegt ein zufriedener Triumph in ihrem Ausdruck? / Nein, ihr Gesicht ist zur Grimasse verzerrt. / Wer ist die Person unter den Lumpen, hinter ihrer Hexenmaske? / Ich sehe ein weinendes junges Mädchen. Sie hat die Arme um ihren dünnen, nackten Körper geschlungen. / Was fühlst du, während du sie betrachtest? / Nichts weiter. Was geht mich dieses Mädchen an, ich bin viel schlimmer dran, eingesperrt in meinen Käfig. Sie kann doch losgehen, einen der sonnigen Wege entlang! Aber sie hat die Schlüssel. / Warum schließt sie dir nicht einfach auf? Kannst du sie das mal fragen? / Sie sagt, ich schulde ihr noch etwas. / Und was? / Ich kann nicht gehen ohne dich, behauptet sie. Ich würde dich gerne freilassen, aber ich bin an dich gebunden.

Mein Fokus konzentriert sich nun ganz auf den Dialog mit dem Mädchen; der Moderator tritt zeitweilig zurück:

Was bindet dich an mich? / Unsere Schuld. / Wessen sind wir schuldig? / Wir haben unseren Vater getötet. / Warum? / Wir hatten keine Wahl. / Man hat immer eine Wahl. / Es war uns nicht bestimmt, ewig unter seinen Zumutungen zu leiden. Also haben wir ihn überlistet.

Ich sehe eine Szene, in der wir den Vater in die Falle seiner armseligen Hütte locken, unter das strohgedeckte Spitzdach, draußen im Dschungel. Eine lenkte ihn ab, die andere stach zu, aus dem Hinterhalt. Es war Notwehr. Vater tut mir leid. Er war nicht böse. Es war Verrat.

Jetzt erst bemerke ich das eiserne Armband um das Handgelenk meiner Schwester (der Logik der Geschichte nach muss sie meine Schwester sein, wenn sie von unserem Vater spricht; im »objektiven« Leben habe ich keine Schwester), mit dem sie an die Gitterstäbe meines Käfigs gekettet ist. In der freien Hand trägt sie die Schlüssel, mit denen sie sich losmachen könnte, aber sie tut es nicht. Warum?, schaltet sich wieder der Moderator ein. / Sie hat Angst, mich als ihre Verbündete im Unglück zu verlieren, wenn wir beide frei sind. / Was bräuchte die Schwester, um ihr Unglück loszulassen und sich sicher zu fühlen? / Ich wünsche mir Seelenfrieden für den Vater, sagt sie. Er ist so bedürftig. Er geistert noch immer umher in seiner Not.

Die Antwort der Schwester ist ein typischer Ausdruck dessen, wie sehr Kinder sich die Defizite ihrer Eltern zu eigen machen. Solange die elterlichen Muster im eigenen Zellbewusstsein nicht verwandelt sind, finden wir keinen Frieden in uns selbst. Tatsächlich geht es nicht um die Heilung des objektiven, leiblichen Vaters, wenn wir im Folgenden seine kindlichen Bedürfnisse symbolisch erfüllen – auch, wenn dieser durchaus die biografische Ursache für unser Problem sein kann. Vielmehr geht es um die Sättigung unserer eigenen Bedürfnisse, die aufgrund des elterlichen Versagens auf der Strecke geblieben sind. Die Vaterfigur ist hier nur eine archetypische Repräsentation unseres verinnerlichten Vaters oder auch eines Patriarchen auf gesellschaftlicher Ebene; im Kontext meines Problems wäre das der Verlag als Institution, dem ich mein längst überfälliges Manuskript schulde. Der Moderator stellt also die Schlüsselfrage, was gebraucht wird, um das energetische Defizit, das »Schuldenkonto«, in meiner eigenen Person auszugleichen:

Was würde den Vater erfüllen und ihm Frieden schenken? (Mit anderen Worten: Was bin ich meinem inneren Kind, das der bedürftige Vater repräsentiert, *schuldig?*) / Milch und Honig.

Milch und Honig für den Vater, das funktioniert nicht. Da sträubt sich alles in mir. Milch und Honig kriegen nur Kinder. Mein Widerstand resultiert aus dem Groll gegen den

Vater, der uns Geschwister mit seiner Bedürftigkeit bedrängt hat, statt uns kindgerecht zu versorgen. Groll und Ablehnung sind typische Schutzmechanismen der verletzten Psyche, die sich aufgrund ihres subjektiven Mangels an Stärke anders nicht zu helfen weiß.

Was müsste der Vater tun, damit er diese Gaben empfangen dürfte?, fragt der Moderator, um meinen Widerstand aufzulösen, welcher der Befriedung und damit Entschärfung der problematischen Vaterfigur im Weg steht – und damit ja letztlich meinem eigenen Seelenfrieden. / Er müsste auf der Zeitachse rückwärtsgehen und zu einem Säugling schrumpfen. / Funktioniert das? / Ich sehe ihn bereits als Baby auf dem Rücken liegen und mit den Armen und Beinen strampeln, er lacht mit strahlenden Augen und rosigen, drallen Wangen. Auf dieser Ebene können Milch und Honig fließen.

Plötzlich befindet sich dieser Säugling im Bauch meiner Schwester, als sei diese mit ihm schwanger. Aber das Kind ist eindeutig der Vater. Sie trägt es aus und nährt dabei seine kindlichen Bedürfnisse. Damit nährt sie diese uralten, unerfüllten Bedürfnisse in sich selbst und emanzipiert sich auf diese Weise von seinen Ansprüchen und Erwartungen. Das Bild erzeugt ein so starkes Feld des Wohlseins und Glücks, dass es zu mir in den Käfig hinüberstrahlt und die Gitterstäbe zum Schmelzen bringt. Die Stäbe sind plötzlich aus Gold, sie lassen sich vom Körper abstreifen und zu einer geschmeidigen Masse kneten. Ich atme freier und fühle mich weniger unter Druck.

Schlussbild: Meine Schwester und ich sitzen mit dem gesättigten Baby zwischen uns in einer goldenen Aura der Unendlichkeit und schauen einander weich und friedlich an, in vollkommener Dreieinigkeit. Die Zeit hat aufgehört zu existieren. Wir weilen im Herzen dieses sternförmigen Platzes, frei von Ketten und Fesseln, in purer Freude. / In welche Richtung möchtest du nun also gehen, in deiner frisch gewonnenen Freiheit? Welchen der fünf Wege wirst du wählen? / Gar keinen. Mir ist, als könnte das, was die verschiedenen Wege ringsum an Möglichkeiten verheißen, in seiner Essenz zu mir gelangen, ohne dass ich mich dafür in eine bestimmte Richtung bewegen müsste. Als würde sich die gesamte Welt in meiner Mitte spiegeln. Immer schon. Auf ewig.

Du siehst, der Prozess läuft im Prinzip genauso ab wie bei der Partnerarbeit – mit dem einzigen Unterschied, dass der Moderator keine externe Person ist, sondern deine innere Stimme beziehungsweise die Stimme deiner Quelle oder deines Geistführers. Dein Fokus changiert also zwischen zwei verschiedenen Ebenen, der Ebene der Person und der unbegrenzten Sphäre des Quellbewusstseins. Wichtig ist, wie auch bei der Arbeit mit einem Übungspartner oder Klienten, dass du zu Beginn der Session ins Quellbewusstsein expandierst und den Theta-Zustand hältst, während du deinen Fokus auf dein persönliches Drama richtest. Andernfalls kann es passieren, dass du dich in deiner Gefühlswelt verstrickst oder in die Falle deiner Verstandesmuster tappst. Eine Metaperspektive auf die Problematik aus einem erweiterten Bewusstseinszustand heraus ist für die Auflösung ebendieser Problematik unbedingt erforderlich. Aber keine Bange – in der Theorie klingt das alles schwieriger, als es ist!

Erforsche das Szenario wie beim *Symboling* zu zweit, indem du mit deinem Fokus an bestimmte Figuren heranzoomst, dich in ihre Perspektive versetzt und ihren Gefühlen nachspürst. Achte auch darauf, wie die einzelnen Personen sich jeweils im Verhältnis zu ihrer Umwelt, insbesondere zu den anderen Charakteren der Szenerie wahrnehmen. Du bist sozusagen Kameramann und zugleich Cutter in deinem Parallelweltkino und fokussierst und arrangierst das Material so, dass es für dich als Zuschauer nachvollziehbar und miterlebbar wird. Natürlich greifst du damit ins Geschehen ein – das ist unvermeidbar. Wie eine Sache sich verhält, liegt immer im

Auge des Betrachters. Durch den Fokus unserer Wahrnehmung verändern wir das Objekt unserer Wahrnehmung. Erschaffen, Empfangen und Beobachten entspringen demselben Prinzip. Insofern kannst du dem Bild alle Fragen stellen, die deiner Intention, deiner gegenwärtigen Lebenssituation oder deiner Erkenntnis am besten auf die Sprünge helfen.

Wenn du etwa einen Hund an der Kette siehst, kannst du entweder fragen, wer ihn dort angekettet hat, um eine zweite Figur in dein Bild einzuladen, oder du kannst ausprobieren, was passieren würde, wenn die Kette zerreißt – das gibt dir Aufschluss über den psychischen Gehalt des Bildes. Beschränke dich beim Lenken der Figuren jedoch auf kleine Impulse, nach denen sich die Szenerie in deiner Wahrnehmung wie von selbst entfaltet. Versuche nicht, rationale Ungereimtheiten auszubügeln und es deinem Verstand recht zu machen, sondern verlasse dich ganz auf die (nur scheinbar irrationale) Logik, die dem Bild innewohnt. Je weniger du absichtlich und willentlich eingreifst, desto akkurater ist die Information, die sich durch das Bild transportiert, und desto tiefgreifender somit die Wirkung.

In der Regel laufen die Sequenzen in deinem Kopfkino ganz von selbst ab, bis du die Pause-Taste drückst oder die Slow-Motion-Funktion aktivierst, um näher an eine einzelne Szene oder Figur heranzuzoomen. Dies ermöglicht dir, genauer hineinzuspüren und die emotionale Dynamik der Figuren zu ergründen. Du kannst die verschiedenen Perspektiven der Figuren ausloten und dem Standbild Fragen stellen wie: Was wäre, wenn der Protagonist dieses ausprobierte oder jenes täte? Oder: Wie würde es sich anfühlen, wenn er so weitermachte wie bisher und darüber die Zeit verginge – vielleicht sogar bis ans Ende seiner Tage? Experimentiere hemmungslos in deinem Film herum – was immer sich daraus entwickelt, es wird dir Aufschluss über deine eigenen verborgenen Motive geben. Deine persönlichen Frequenzmuster formen den Kanal, durch den dir aus der parallelen Welt all diejenigen Informationen zufließen, mit denen du in Resonanz bist.

Lote das Szenario so lange aus, bis sich das Ganze rund anfühlt und es zu einer Conclusio kommt. Übertrage dann, wenn du möchtest, durch einen (gegebenenfalls verbal formulierten) Impuls sämtliche Informationen aus diesem Szenario auf alle Ebenen deines bewussten Lebens. Bitte dabei um hilfreiche Verknüpfungen mit »realen« Konstellationen und Situationen, die mit diesem symbolischen Szenario in Beziehung stehen. Auch wenn der Zusammenhang, die Entsprechungen und Überschneidungen sich dir beim ersten Zuschauen nicht direkt erschließen und dir die Komposition insgesamt abstrus erscheint, wird dein Zellbewusstsein die passenden Querverbindungen und energetischen Rückschlüsse daraus ziehen. Visualisiere den Akt der Informationsverknüpfung, indem du dir dein Leben wie ein Mandala vorstellst, innerhalb dessen sich immer feinere Verzweigungen und Knotenpunkte weben lassen.

Wenn du noch schwer traumatisiert bist, arbeite bitte nicht mit dir allein, sondern lass dich von einer therapeutisch erfahrenen Person begleiten!

Ich selbst habe, zugegeben, einen Großteil meiner eigenen Heilung in Alleinarbeit bewerkstelligt. Aber ich hatte meine traumatischen Abgründe bereits lange vor meiner ersten Berührung mit spirituellen Heilmethoden analysiert und mental entschärft, und zwar über fünfzehn Jahre hinweg, teils mit professioneller Hilfe durch Psychotherapeuten. Die traumatischen Muster waren davon zwar noch nicht gelöst, aber zumindest hatte ich keine Scheu mehr, mich auch mit grausamen Wahrheiten zu konfrontieren. Ich kannte mich gut genug, um zu wissen, dass ich bei einer Session nicht im eigenen Elend versacken würde, zumal ich mein Bewusstsein – und das ist die Voraussetzung, um sich aus der Identifikation mit dem eigenen Drama zu lösen – gut im Theta-Zustand halten konnte und mir der Führung durch das Quellbewusstsein gewiss war. So viel Gottvertrauen hatte mir meine spirituelle »Initiatorin«, die Heilpraktikerin Mechthild Wenzelburger, inzwischen vermittelt.

Deine Bestimmung liegt im Augenblick

Gehen wir von der fraktalen Struktur des Universums aus, findet sich der Pfad der Erleuchtung mitunter auf dem schmalen Grat einer Textzeile. Dabei ist das Potenzial maximaler Enthüllung und Ausdehnung sogar noch in der Linearität des geschriebenen Wortes enthalten.

Für meinen nächsten Klärungsprozess lasse ich mich von meinem Geistführer Shotoki coachen. Bevor er mir ein Ikonogramm[8] schickt, stellt er mir eine Frage: Wie fühlt sich das an, nicht zu schreiben?

Ich fühle mich verloren. Verloren im Vakuum meiner Indifferenz und Unentschlossenheit. Vor allem aber: schuldig. Ich fühle mich schuldig, dass ich nicht schreibe. / Wem gegenüber? / Meinen Auftraggebern gegenüber. Und auch meinem Talent gegenüber oder besser derjenigen Instanz, die mir dieses Talent zur Verfügung stellt – vermutlich tut sie

---

8   Ich nenne die Bilder, die wir für ein *Symboling* empfangen, *Ikonogramme* (griech. *icon* = Bild, *gramma* = Botschaft). Laut GlossarWiki ist ein Ikonogramm »ein wichtiger Bestandteil einer grafischen Oberfläche. Durch ihren Einsatz soll der schnelle Zugriff auf Programme oder Dateien gewährleistet werden.« [http://glossar.hs-augsburg.de/Ikonogramm] Dieser Begriff aus der Informationstechnologie lässt sich hervorragend auf unseren Kontext übertragen, denn bei einem *Symboling* geht es ja genau darum, ein gechanneltes Bild mit seiner darin enthaltenen Botschaft unmittelbar zu erfassen, um auf unsere unbewussten Programme und Muster zugreifen zu können. Dies gelingt über die Emotionen, noch lange bevor der Verstand das Bild entschlüsselt hat. Bilder sprechen eine internationale Sprache und können über unsere Intuition schneller als Worte erfasst werden. Eine Interpretation des Bildes beim *Symboling* ist nicht nötig, um seine energetische Bedeutung und schließlich seine transformative Wirkung zu erfahren.

das aus gutem Grund, nämlich, damit ich es anwende und für die Welt fruchtbar mache. Diese Instanz ist meine Seele, die oberste Autorität in meinem Leben. Meine Seele bringt ihr Missfallen über mein Versäumnis dadurch zum Ausdruck, dass sie mir Unbehagen bereitet, wenn ich nicht tue, wofür ich hier bin, wenn ich meinem Lebensmotiv nicht nachkomme. So viel habe ich schon begriffen über das Leiden. Allerdings ahne ich allmählich, dass mein Leidensdruck mich beim Schreiben in eine andere Richtung weisen soll, als ich bisher angenommen habe. Zumal Schuldgefühle niemals ursächlich sind, sondern vom eigentlichen Kern einer Sache ablenken.

Als Nächstes erhalte ich den Impuls, eine Karte aus meinem Sirius-Deck[9] zu ziehen. »Weiblichkeit« ist die Karte, die mir beim Mischen aus dem Stapel rutscht. Kommentar: »Empfange deine Weiblichkeit … Aufnahmebereitschaft und Wandlungsfähigkeit.«

Natürlich, Schreiben hat mit Empfänglichkeit zu tun. Verhandle ich hier vielleicht gar nicht mehr nur meine individuelle Schuldthematik, sondern eine kollektive Urschuld, die »Erbsünde«, die Verdammnis der Weiblichkeit? Geht es hier um ein gesellschaftliches, sozialpsychologisches Trauma? Treffer versenkt, singt der Sirius-Chor in meinem Hinterkopf, gefolgt von einem neckischen Tusch.

Als nächste Karte ziehe ich: »Männlichkeit: Lebe deine Männlichkeit … Schöpferisches Potenzial … Intensive körperliche oder geistige Aktivitäten.« Kann das denn Zufall sein? Wie viele Zufälle brauchen wir, bis wir erkennen, dass kein einziger von ihnen uns grundlos *zufällt*? Abgesehen von meiner Schreibproblematik ist die Ausbalancierung der männlichen und weiblichen Essenzen sowie der kulturellen gegenüber den animalischen Kräften genau das Thema, das

---

9 Neuner (2001).

ich mit meinem Hengst gerade erforsche. Im Verbund mit seiner geballten virilen Urkraft versuche ich, in meine weibliche Stärke hineinzuwachsen, und ahne, dass das nur funktioniert, indem ich in mir selbst beide Kräfte in Einklang bringe. So wie ein Hengst nicht nur wild und stark und potenziell gefährlich ist, sondern auch hochgradig sensitiv, grazil und verletzbar, so geht es einmal mehr um die Verschmelzung dualer Gegensätze, um zu einem höheren Bewusstsein zu gelangen.

Ein Thema spielt sich grundsätzlich auf sämtlichen Ebenen des Bewusstseins ab und dreht sich im fraktalen Tanz des Lebens. Denn geht es beim Schreiben nicht ebenfalls um ein Gleichgewicht zwischen Yin und Yang, zwischen assoziativ-intuitiven und linear-logischen Prozessen? Empfangen und formen, aus dem unendlichen Pool der Möglichkeiten Schöpfen und aus dem Vagen, Nebligen etwas klar Konturiertes, sprachlich Fassbares hervorbringen: Das vollzieht sich im Akt des Schreibens, und so vereinen sich in der Schöpfung das männliche und das weibliche Prinzip. Schreiben ist kreative Ekstase. Im Idealfall. Bis es dazu kommt, ist es von lauter alltäglichen Versuchungen und Ablenkungen bedroht. Errichte einen heiligen Raum und Rahmen für dein Schreiben. Schaffe ein fließendes Gleichgewicht der Kräfte. Schreibe mit warmem Bauch, aber mit kühlem Kopf. Lerne das Leben energetisch zu begreifen.

Nach diesem Input rückt Shotoki mit seinem Bild heraus: Ein Elefant grast in der Steppe. Auf seiner Kruppe sitzt ein Vogel und pickt mit seinem orangefarbenen Schnabel kleine Schädlinge aus seiner runzeligen Haut; er klärt die Grenzen zwischen Innen und Außen. Es ist ein einvernehmliches Bild. Darunter, in einer anderen Realitätsebene, öffnet sich ein Kerker, ein Verlies aus dunklen Felssteinen, die eine feuchte, gruftige Kälte ausstrahlen. Vor einer der Mauern schwebt ein im Fruchtwasser ertrunkenes Kind. Sein gleichaltriges Geschwister kauert erschrocken in der Ecke und schaut mit großen, glänzenden Augen auf das tote Kind. Es ist durch eine Grausamkeit ums Leben gekommen. Das lebendige Kind war Zeuge dieser Grausamkeit. Wie fühlt sich das lebendige Kind? / Starr vor Schreck, beklommen, verängstigt, verloren, verwirrt. / Und wie fühlt sich das tote Kind demgegenüber? / Schuldig. Es fühlt sich schuldig, dass es so viel Aufmerksamkeit bekommt und das lebendige Kind so erschreckt.

Während ich den emotionalen Gehalt des Bildes nachvollziehe und dabei in meinen Körper hineinspüre, fühlt sich meine Nackenmuskulatur an, als würden massierende Hände kräftig hineinkneifen – es ist schmerzhaft, aber nicht sonderlich unangenehm.

Inwiefern können die Kinder aktiven Kontakt zueinander herstellen? / Als Antwort fällt das tote Kind aus der Fruchtblase heraus auf die Füße und hockt sich dem anderen Kind gegenüber. Du bist gar nicht tot? Die Augen des lebendigen Kindes weiten sich vor Staunen. Die Kinder stehen einander nun aufrecht gegenüber. Das tote Kind reicht dem lebendigen ein Geschenk in Form einer weißen Lilie, blutgetränkt. / Die Stimme meines Zensors meldet sich: Ist das etwas, das Kinder miteinander teilen sollten? / Sie tun es, lautet die Antwort. Das zählt. Es zählt, was ist, nicht, was sein sollte.

Ehrfürchtig nimmt das lebendige Kind die Lilie entgegen. Einen Augenblick lang betrachtet es sie bewundernd und auch etwas misstrauisch, um sie schließlich unvermittelt vor den erstaunten Augen des toten Kindes zu verspeisen. / In meinem Mund schmecke ich einen Hauch von Metall. Ich muss seufzen. / Über das Bild der beiden Kinder schiebt sich das Bild eines leidenschaftlichen Kusses, eines erwachsenen Paars in einer erotischen Umarmung. / Ich halte den Film an, um die Schlüsselszene der Darbietung – Einverleibung und Verschmelzung – zu notieren, und wickle meine Wolldecke fester um mich. Mein Verstand begreift noch nicht vollends, um was es geht, das kommt erst später in der rückblickenden Gesamtschau, aber ein Teil meines inneren Selbst hat etwas Heilsames angenommen, einen abgespaltenen Wesensanteil integriert. Die Reaktion meines Körpers, das Seufzen, markiert den Augenblick der Transformation.

Ich schließe erneut die Augen, um die Fortsetzung zu empfangen. / Im Verlies stehen nun Jungen und Mädchen einander gegenüber. Das tote Kind, durch den Akt der Einverleibung und der Verschmelzung im Kuss zu neuem Leben erwacht, erscheint in männlicher Gestalt, das andere Kind ist weiblich. Zärtlich fassen sie sich an den Händen und drehen sich behutsam miteinander im Kreis. Ein Tanz zwischen Blau und Rot. Das Zwillingspaar tritt schließlich aus dem Verlies heraus in die Steppe, um den Elefanten zu treffen. Der segnet die beiden, indem er seinen Atem durch den Rüssel auf ihr Haupt bläst. / Mein Kronenchakra kribbelt. / Dann dreht der Elefant sich um und trabt durch die Steppe davon. Der Vogel begleitet ihn aus der Luft. Sie sind alte Bekannte.

Am Ende dieses Films weiß ich nicht, ob meine Schreibblockade nun gelöst ist, denn ich habe zwar vage Empfindungen, aber noch keine konkrete Interpretation dazu, und meinem Gefühl nach ist nicht mehr als dieser marginale Seufzer dabei herumgekommen. Aber ich verspüre deutlich mein Vermögen, aus dem Stegreif Tausende solcher Seelenvignetten aus dem Äther zu fischen und zu Papier zu bringen. Ist das meine Gabe, die mir nicht nur im therapeutischen Prozess zugutekommt, sondern auch im literarischen? Und ist eine Gabe nicht immer auch eine Aufgabe? Und wenn mein Schreiben nichts anderes wäre als das: ein Kontinuum mythischer Bilder zu empfangen, das sich ohne Zögern in einen Wortfluss ergießt? Ein beständiges Eruieren, ein graduelles Abtasten meines Gegenstandes?

Das Bild enthält verschiedene Bedeutungsebenen. Indem

ich es nicht nur isoliert innerhalb seines biografischen, archetypischen oder mythologischen Spektrums betrachte, sondern es aus dem aktuellen Kontext meiner drängenden Fragestellung zum Thema Schreiben heraus interpretiere, kann ich daraus einen wertvollen Hinweis zur Lösung meines Problems ableiten.

Die Zwillinge verkörpern zwei Aspekte meines Selbst oder einen inneren Zwiespalt, der im heilsamen Verlauf der Session integriert wird. Das tote Kind ist Ausdruck eines verdrängten, »abgestorbenen« Teils meiner Persönlichkeit – das Fruchtwasser der Mutter konnte ihn nicht nähren. Die weiße Lilie steht für Unschuld, Reinheit, Weiblichkeit, weibliche Sexualität, die verletzliche Kraft der Vulva. Blutbesudelt, weist sie in ihrer negativen Bedeutung auf eine traumatische Initiation hin, in ihrer positiven Bedeutung auf den weiblichen Urquell – denn das Blut steht für den Saft des Lebens. Der verbannte Teil meines Selbst, das tote Kind, zog mir aus seinem Exil meine Lebensenergie ab und verschanzte sich hinter Schuldgefühlen. Um ins aktive Bewusstsein zurückkehren zu können, muss es von meinem Selbst eingeladen und mit offenem Herzen empfangen werden. Dann gelingt es wie von selbst, die verdrängten Anteile, die Weiblichkeit in all ihrer Verletzlichkeit, offen darzubringen, was sich in der Geste des Überreichens der Lilie ausdrückt. Wenn wir unsere Verletzbarkeit leugnen, sind wir nicht nur kalt und leblos, sondern auch schwach und ängstlich, weil wir kein verlässliches emotionales Feedback mehr erhalten. Ohne unsere Empfindsamkeit verlieren wir jedes Gefühl für uns selbst.

Durch das Einverleiben in den vitalen Teil meines inneren Kindes wird der verletzte Part meiner Weiblichkeit schließlich integriert und kann – symbolisiert durch die erotische Umarmung – in fruchtbarer Weise mit dem männlichen Prinzip verschmelzen; bis dahin war kein wirklicher Austausch zwischen beiden Kräften möglich. Im Tanz zwischen Blau und Rot vollzieht sich die kosmische Vereinigung des männlich-geistigen Prinzips mit dem weiblich-kreativen: von Himmel und Erde. Am Ende wird das frisch integrierte Paar von einem Dickhäuter gesegnet, dessen massige Erdenergie über den Vogel mit den himmlischen Lüften verbunden ist. Meine kreative Empfänglichkeit erfährt eine neue Stabilität und wächst zu einem größeren Volumen an, um sich im Akt des Schreibens von einem frei schwebenden Geist inspirieren und von kosmischen Botschaften befruchten zu lassen.

Während ich noch darüber staune, wie pixelgetreu und multidimensional sich meine Schreibblockade in denselben Ikonogrammen widerspiegelt, die auch unzählige andere Aspekte meines Lebens illustrieren, beginnt sie sich Wort für Wort in ein aufschlussreiches Schreibprojekt zu verwandeln. Möglicherweise ist sie damit sogar im Begriff, mein Schreiben zu revolutionieren und seiner eigentlichen Bestimmung zuzuführen.

Die verblüffende Präzision und Stimmigkeit der empfangenen Symbolik rückt das fraktale Prinzip der Schöpfung, das mich seit einiger Zeit beschäftigt, noch dichter in meinen Fokus.[10] Wenn »alles in einem« ist und also jede Erscheinung einen in sich kopierten Ausschnitt der gesamten Schöpfung offenbart, dann ist auch in jedem Problem, mit dem wir in unserem Alltag und in unserer Biografie konfrontiert sind, die Lösung bereits enthalten. Jeder Weg, jede Wahrnehmung führt potenziell zum Ziel.

---

10 »Fraktal« (lat. *fractus* = gebrochen) ist ein von Benoît Mandelbrot geprägter Begriff, der natürliche oder künstliche Gebilde oder geometrische Muster bezeichnet, die eine gebrochene Dimensionalität besitzen und zudem einen hohen Grad von Selbstähnlichkeit aufweisen – etwa dann, wenn ein Objekt aus mehreren verkleinerten Kopien seiner selbst besteht (aus: *[http://de.wikipedia.org/wiki/Fraktal]*). Auch ein Hologramm ist fraktal organisiert. Das bedeutet, jeder Teil des Hologramms beinhaltet die Gesamtinformation des kompletten Bildes und wiederholt sich auf gleiche oder ähnliche Weise in unterschiedlichen Maßstäben.

Getreu dieses Prinzips führt der Fluss der Freude, den mir dieser schreibend vollzogene Erkenntnisprozess bereitet, zur Beantwortung jener Frage, die mich seit Jahrzehnten plagt: Unter welchen Bedingungen lässt sich mein kreativer Geist innerhalb der vereinbarten Strukturen kanalisieren, ohne sich von diesen Strukturen genötigt oder drangsaliert zu fühlen – auf vollkommen freiwilliger Basis? Die Antwort lautet: Indem ich mich innerhalb der Vereinbarung auf jeweils das konzentriere, was mich augenblicklich am meisten interessiert. Augenblicklich interessiert mich am meisten der Akt des Schreibens als solcher, mit dessen Hilfe ich die tiefere Ursache meiner Schreibblockade – sowie jede beliebige andere Problematik – ergründen kann.

Dieser Klärungsvorgang hat mein Schreiben tatsächlich wieder in Fluss gebracht – möglicherweise kann ich es dadurch sogar für tiefere Einblicke in das menschliche Bewusstsein nutzbar machen und damit meine therapeutische Arbeit kreativer gestalten. Shotoki hat mich also auf die Idee gebracht, meinen eigenen Erkenntnisprozess dafür zu verwenden, um meine aktuelle Aufgabe zu erfüllen.

Dieser Gedanke ergießt sich wie eine warme Welle in mein Herz. Denn ist nicht letztlich die Poesie, die aus diesem selbstreferenziellen Prozess erwächst, die Poesie der Transformation, der eigentliche Gegenstand meiner Arbeit? Ich erkenne, dass auch eine festgelegte Struktur innerhalb einer begrenzten Form ein unendliches Spektrum an Neuem, Unvorhergesehenem, birgt, aus dem wir frei heraus schöpfen können – solange wir mit unserem inneren Wissen verbunden bleiben, das jeweils aus dem Hier und Heute strömt. So bleibe ich in meinem Schreiben stets frisch und präsent, statt meine Kreativität in den Konzepten zu ersticken, die ich auf der Folie vermeintlicher Lesererwartungen in einem Gestern entworfen habe.

Schreibe dich frei!

Eine sichere und sehr kraftvolle Möglichkeit, ein *Symboling* mit dir selbst durchzuführen, ist es, den gesamten Vorgang schreibend zu durchlaufen. In diesem Kapitel möchte ich dir darum nahebringen, wie du mithilfe dieser Technik ein heilsames »Drehbuch« für dich schreiben kannst. Folge mit deinem Stift einfach dem Bilderstrom in die unerforschten Areale deines Bewusstseins. Er führt dich zuverlässig zu den Bodenschätzen deiner Weisheit. Nebenbei entfacht und trainiert dieser Vorgang den Gebrauch deiner rechten Gehirnhälfte, das Zentrum deiner assoziativen und synchronistischen Gestaltungskraft, was sich unmittelbar positiv auf dein Leben auswirkt.

Im Akt des Schreibens tritt das Immaterielle in die Materie ein. Indem die feinstofflichen Assoziationen deines Geistes zu einem Text verwoben werden, synthetisierst du diese zu einem handfesten Produkt, durch das deine höhere Wahrheit konserviert wird und nach Bedarf beliebig abrufbar ist. Für mich gibt es kaum etwas Befriedigenderes. Über die Zeit entdecke ich in meinen Texten immer wieder neue Bedeutungsebenen, und ich staune ein ums andere Mal, wie eine solche Brillanz so leicht und mühelos zustande kommen kann. Meiner logischen Intelligenz entspringt sie jedenfalls nicht.

Ich kann mein intuitives Wissen am besten mit der bloßen Hand abrufen, bevor ich mich – wenn für eine Publikation nötig – für die Reinschrift an den Computer setze. Anachronistisch oder nicht, das Schreiben mit der Hand fühlt sich für mich organischer und wahrhaftiger an. Darum empfehle ich, sich zum regelmäßigen Schreiben von Ikonogrammen ein gebundenes Notizbuch im DIN-A4-Format zuzulegen – denn auf kleineren Formaten hat dein Geist nicht genügend Platz, sich auszubreiten. Solche Kladden gibt es im Schreibwarenhandel günstig zu kaufen. Seite um Seite gefüllt, besitzt du am Ende ein unbezahlbares, einzigartiges

Werk über die kreative Tätigkeit deines Bewusstseins. Ich habe inzwischen ganze Schrankfächer damit gefüllt, und diese Bücher wären, abgesehen von meiner Katze, das Erste, was ich bei einem Brand retten würde – und das, obgleich ich ständig auch wieder neue produziere.

Selbst wenn du dich mutlos fühlst und du anfangs wenig konzentriert und fokussiert bist, kannst du einfach loslegen. Bei diesem Schreiben geht es nicht um Kunstfertigkeit oder psychologischen Scharfsinn. Hier geht es um ein spontanes, meditatives, exploratives Schreiben, um Aufrichtigkeit zum Zwecke der inneren Aufrichtung. Die Texte sind nur für dich allein bestimmt, niemand anderes muss sie je zu Gesicht bekommen. Dein Bewusstsein klärt und weitet sich während des Schreibens für das Wesentliche. Das Kritzeln in dein Notizbuch wird deinen Geist beruhigen und dich zentrieren. Erlaube ausnahmslos jedem Wort, das in deine Feder fließen will, sich auf das Papier zu ergießen. Notiere auch die Einwände, die von der Stimme deines Zweifels ausgehen, deiner inneren Zensur, und stelle sie gleichmütig neben deine übrigen Einfälle. So erschöpft sich allmählich das Geschnatter in deinem Kopf. Lass deine Schreibhand, ohne zu zögern, in die Strömung deiner Gedanken abtauchen – sie wird die Perlen schon herausfischen. Wort für Wort schraubst du dich auf diese Weise in immer tiefere Schichten deines Bewusstseins und näherst dich der Essenz dessen, was du erfahren willst. Die Bewegung geht vom Komplizierten, Unübersichtlichen, Chaotischen zum Einfachen, Klaren, Essenziellen.

Auf den ersten Blick wirken die Bilder und Worte, die dir direkt nach dem Abfrageimpuls in den Sinn kommen, oftmals unpassend, beliebig, nichtssagend. Es ist normal, wenn dein Verstand sie zurückweist und nach anderen, »besseren« Bildern fragen will. Und bis zu einem gewissen Grad ist solch ein Neustart auch zulässig – jedoch nur solange du das Moment der Negierung sorgfältig als solches registrierst.

Oftmals ergeben auch die ersten, scheinbar wirren Bilder im Nachhinein einen Sinn und runden die stimmige Botschaft ab, die dich auf dieser Frequenz erreichen wollte. Der Verstand hat also Pause während dieser Phase der Produktion. Die kognitive Auswertung erfolgt später. In der Regel ist eine Deutung jedoch gar nicht mehr nötig, weil die Essenz der Szenerie sich während des Prozesses selbst offenbart – spätestens in dem Moment, da eine unwillkürliche Körperreaktion erfolgt.

Kreative Freiheit erwächst aus der Einschränkung

Das folgende Beispiel soll dich dazu inspirieren, wie die allmähliche Entfaltung eines automatischen Bilder- und Gedankenstroms aussehen kann und wie er dich, sofern du dranbleibst und dein Schreiben nicht vorzeitig abbrichst, zuverlässig zu einem Ergebnis führt, das eine Erkenntnis oder einen heilsamen Impuls in dir auslöst. Meine Intention für diese Sequenz war es, ein Bild zu empfangen, das eine allgemeingültige Botschaft für meine Bewusstseinsarbeit enthält, eine Art Richtwert, den ich selbst anwenden und anderen vermitteln kann. Heraus kam ein Ikonogramm, das sowohl dramaturgisch als auch inhaltlich die Dynamik meiner Blockade beschreibt. Manchmal drängeln sich die Botschaften vor, die unsere Seele augenblicklich für relevanter erachtet als die, nach denen unser Verstand gefragt hat. Da ein Symbol jedoch grundsätzlich auch eine kollektive Dimension hat, ist es dennoch allgemeingültig.

Ich erlaube mir, ein sprechendes Symbol zu erhalten, eine universal gültige Botschaft für den heilsamen Umgang mit sich selbst. Jetzt! Danke. Es ist geschehen. Moment, mein Bein tut weh, ich muss mich anders hinsetzen. Und die Decke sollte – Ich höre? Miezi kommt angetapst. Nein, nicht auf meine Kladde fläzen, ich muss schreiben! Erkenne die Weisheit des Augenblicks. Das Bild: eine Mutter und ihr Baby. Und dann, überall und immer wieder: Mütter mit Babys, in allen Hautfarben. Die milden Augen der Mutter, fröhliche und lebendige Kinderaugen, lachende Gesichter, Einheit aus Mutter und Kind beim Stillen, eine einzige, vollkommene Mutter-Kind-Formation. Daneben ein brüllender Löwe – so wie auf der bewegten Bildmarke von International Motion Pictures – und ein Lamm.

Hier zieht mein Verstand die erste Bremse.

Och, kommt, diese ollen Schnulzen. Geht es nicht etwas exotischer? / Bitte sehr: Mutter und Kind sitzen im aufgerissenen Maul des Löwen, behütet. Eine Tulpe sprießt aus dem Wüstenboden. Im Innern der Tulpe die ganze Welt. Delfine. Wasserfälle. / Euer Humor in Ehren, aber Schluss mit der Eso-Ästhetik! Was ist das wichtigste Motiv für unsere Zivilisation, für die westliche Welt, die Menschen, mit denen ich zu tun habe? Bitte ein kompaktes Bild oder ein Ausdruck!

Salz und Pfeffer. Sandwiches. Raststättenpicknick. Trabi. Gemütlichkeit. Hartgekochte Eier. Karotuch. Bundfaltenhose. Fünfziger-Jahre-Familie. Freiheit auf geraden Autobahnen. Geborgenheit. Heile-Welt-Szenarien nach dem Krieg. Und bitte immer schön – klick! Fürs Familienalbum. Ankommen, Ausruhen, Hinsetzen. Tomatenbrot. Spießigkeit. Keine Experimente mehr. Schäfchen ins Trockene. Aber dann: Der Duft von Salbei. New Mexico. Die Wüste. Felsen. Wildnis. Sengende Sonne. Wacholder. Der Ruf nach Abenteuer. Marihuana ...

Wollt ihr mir jetzt in einem heiteren Bilderbogen die DDR-Geschichte samt Aufbruch in den Wilden Westen erzählen? / Werbefernsehen, Plakate: Vignetten kollektiven

Bewusstseins. / Was sollen diese Splitter? / Es sind Schlüssel-
bilder, die eine Fährte legen. / Und, wohin? / Entengrütze. /
Jetzt reicht's aber! / Warum so verkrampft? Schreib dich
frei! Freiheit ist die Synthese aus Verbundenheit und Hinga-
be. Erlaube dir, närrisch zu sein, dann kommst du schneller
ans Ziel. Der Zweifel schüttet die Substanz zu, die wir be-
reits freigelegt haben. Nun bekommt er Chappi und ein
Lätzchen – und sitz! Die Fantasie bitte auf die Bühne. Da
kratzt sie sich am Kopf. Nippt am Rooibostee, der lauwarm
in ihrer Tasse kreist.

Erst nach dieser Ansage von meiner geistigen Führung gelingt es mir, mich auf einen der unzähligen Imaginations-
splitter näher einzulassen, die mir durch den Kopf jagen.
Nichts wiederholt sich jemals. Nichts ist statisch. Es gibt
nichts Identisches in der Natur, nur Ähnliches. Ist unser
Spielraum zu groß, geht unser Fokus verloren. Ist er zu eng,
kleben wir am Detail fest und verlieren das Ganze aus dem
Blick. Die Kunst des Lebens (wie die Kunst des Schreibens)
besteht also darin, unsere Freiheit zu erkennen, die in der
Einschränkung liegt. Jeder schöpferische Ausdruck verlangt
nach einer gewissen Bewusstseinsverengung. Innerhalb eines
definierten Frameworks kann unsere Kreativität sich schließlich optimal entfalten. Balance ist ein Akt der Bewegung im
ewigen Spannungsverhältnis von Fokussierung und Ausdehnung, Detail- und Allpräsenz.

Indem ich bestimmte Details zu einem Bild erfrage, etwa,
wie sich eine der Figuren darin fühlt oder welchen Gesichtsausdruck sie hat, gleitet meine Aufmerksamkeit tiefer in das
Bild hinein. Der wilde Reigen in meinem Geist beruhigt sich
augenblicklich, die Szenen werden beschaulicher und geord-
neter. So hätte ich auch mit den vorherigen Skizzen verfahren können, denn jeder Mosaikstein, jedes Pixel in jedem
noch so beliebig oder unvollständig wirkenden Bild birgt

den Einstieg in eine ganze Dimension. Da mir dies in dem Moment jedoch nicht bewusst war, wies mein Verstand die spontan präsentierten Icons voreilig zurück. Keines davon schien mir sprechend oder attraktiv genug. So forderte ich immer neue ein, in der Hoffnung, das vollendete Ikonogramm samt Deutung auf dem Silbertablett dargeboten zu bekommen. Mein Geist reagierte auf diese Forderung, indem er in immer größerer Geschwindigkeit Bilder und Wortfetzen abspulte, die mir immer wahnwitziger erschienen – tatsächlich waren es noch viel mehr Eindrücke, als ich in Schlagworten einfangen konnte. Ein Igel am Straßenrand erregte endlich mein näheres Interesse. Indem ich meinen Fokus auf ihn richtete, konnte sich ringsherum eine komplette Szenerie entfalten, die meine Aufmerksamkeit sukzessive in ihren Bann zog.

Igel, ein zusammengerollter Igel, Würmer kriechen über sein Fell. Er liegt halbtot am Rande einer Landstraße. Es ist stockdunkel. Das Licht der Autoscheinwerfer erhellt ihn alle paar Sekunden und markiert seine Hauptrolle in diesem Clip, die Straße ist stark befahren. / Was fühlst du beim Anblick des Igels? / Schmerzen. / Was schmerzt? / Kehle, Brust. Er ist so hilflos. Keiner sieht ihn in seiner Not. Die Insekten kriechen ihm über den Bauch, in die Augen, Nasenlöcher, Ausscheidungsorgane. Eine Pfote ist gebrochen. Er braucht Wasser. Liegt neben einer Pfütze, kann sie aber nicht erreichen, weil er zu schwach ist. / Wie fühlt sich der Igel? / Vergessen, verlassen. Er leistet keinen Widerstand mehr, und das fühlt sich ein wenig befreiend an. Die Insekten dringen auf ihn ein, aber es ist erträglich, wenn er es einfach geschehen lässt. Er ist auf der Schwelle zu einem anderen Bewusstsein, losgelöst von der Pein seines Körpers. Sein Stachelkleid hat ihm nicht geholfen. Er ist unfassbar schwach und machtlos gegenüber den vorüberwalzenden Autoreifen. Eine schmächtige Kugel am Straßenrand. Sich einigelnd hofft er, dass seine Verletzlichkeit Überfälle abwehrt und Gnade walten lässt. So will er ausharren. Hey – das bin ja ich! / Was dachtest du denn? / Er könnte seine Füße wieder auf den Boden stellen und in den Wald zurücklaufen. / Warum tut er es nicht? / Weil er meint, über die Straße zu müssen. / Was erwartet ihn dort? / Das weiß er nicht. Aber er kann nicht zurück. Sonst war alles umsonst. / Was war umsonst? / Der weite Weg durch die Einsamkeit. Alles hinter sich zu lassen, was vertraut war. Die Gefahr, sich dicht an die Autowalzen heranzuwagen. Das Grauen auszuhalten, einer unbekannten Übermacht ausgeliefert zu sein. / Was braucht er, um auf die andere Straßenseite zu gelangen?

Bei dieser Frage registriere ich ein schmerzhaftes Pochen hinter meinem linken Ohr, vom Genick her, auf Höhe des Ohrläppchens. Den ganzen Tag schon habe ich leichte Kopfschmerzen, die sich wie ein eisernes Band von der Schulter übers Ohr und die Stirn bis zur linken Augenhöhle spannen.

Spüre dem Schmerz nach. Was für ein Gefühl sitzt darin? Welches Gefühl ist dort eingeklemmt? Spüre ihm nach, dann wird es sich lösen. / Eingespannt sein. Zimtis Zaum. Eiserner Griff, Kettenrasseln. Wenn der Griff gelockert würde, würde mein Genick brechen. Messers Schneide. Keine Bewegung! Warte, bis wir dich ausgeraubt haben! Zieh sie aus, mach sie nackt! Flachsblond, blauäugig, siebzehn. Nehmt alles mit, was sie bei sich trägt! Den Lohn einer Woche in ihren Schürzentaschen. Gekleidet wie ein Bursche in Hosen aus Sackleinen, Holzpantinen, kurze Haare. Ist aber ein voll herangereiftes Mädel, hager wohl, flachbrüstig, knabenhaft. Bedient euch, Männer. Alle einmal rauf und weiter, das Dorf hat noch andere reizende Frauen! Da liegt sie am Küchenboden neben dem Schemel, die Milch verschüttet, zusammen-

gerollt wie ein Igel, nackt. Die alte Magd tritt sie mit Füßen. Los, stell dich nicht so an, geh an die Arbeit, willst du hier festwachsen? Den Rotz weggewischt, die Lippen blutig gebissen und weiter, den Boden gescheuert im geliehenen Kittel, ihr eigener ist zerrissen, besudelt. Die Hölle kann überall beginnen und nirgends enden. Das bekannte Prickeln in der Nase vom aufsteigenden Brand der Demütigung, dann vergeht es. Was geschehen ist, macht keinen Unterschied. Hände wund, Scham wund.

Hier kommt der Weinkrampf. Volltreffer. Einen Moment lang schüttelt es mich vor Schluchzen, und der Staudamm eines ganzen Kollektivs bricht sich durch die Kanäle meines Zellbewusstseins Bahn.

Zu Salz erstarrte Tränen verdampfen. Das hört wohl nie auf. Salzsäulen, Wüstenstein, wohin das Auge reicht. Und wenn das Mädchen in einem späteren Leben den Igel nimmt und ihn behutsam über die Straße trägt? Neben ihm wacht, bis der Verkehr sich gelegt hat und er es wagt, seine Nase aus dem Stachelkleid in die kalte Dämmerung zu stecken, Verheißung schnuppernd?

Erleichtertes Seufzen.

Und wenn der Igel sich in ihren Schoß legt und dort verweilt, zusammengerollt, im Winterschlaf? Und wenn sie so sitzen, das Mädchen und der Igel, behandschuht, und der Schnee die Äste der Bäume herunterdrückt mit seinem Gewicht, während die Autos die vereisten Straßen entlangkriechen wie starre Käfer? Und wenn das Mädchen Glut im Herzen hat, solange es den Igel in seinem Schoß hält, die wollenen Fäustlinge um seine Stacheln gelegt wie um eine heiße Trinkschale? Frostige Stille, nur hin und wieder das

Platschen und Gurgeln tauender Schneemassen. / Wie fühlst du dich jetzt?

Mein Nacken ist freier, der Kopfschmerz hat sich aufgelöst. Erleichtert, friedlich.

Das Mädchen ruht in sich, wie es den kleinen Igel hält. Seine Stacheln leuchten golden, sie hält eine Strahlenkugel in Händen, die Autofahrer stoppen ehrfürchtig am Straßenrand, um zu schauen. Der Igel leuchtet wie der Stern von Bethlehem, wie das Kind in der Krippe, er bringt Zuversicht und die Botschaft vom Zauber der Verletzbarkeit. In der Verletzbarkeit, die er verkörpert, durchdringt er die Karosserien der Menschheit und bringt ihre Zahnräder zum Stillstand. In seiner Verletzbarkeit ist er der hellste Stern. Das Mädchen schimmert in seiner Anwesenheit wie die heilige Mutter, still und wissend. Die Macht dazu wohnt ihr inne wie jedem Menschen. Sie strömt direkt aus der Wunde, die gewürdigt wurde. Sie ist das Leben selbst.

Diese Bilder vom Einigeln, vom bangen Rückzug aus Angst, von den übermächtigen Erwartungen entlang meines Weges platt gewalzt zu werden, zwischendurch die Referenz auf eine Massenvergewaltigung im Krieg, offenbaren mir eine weitere persönliche Analogie zu meinem Pferd. Gitano, der aus dem Stall eines spanischen Stierkämpfers stammt, wurde beim Anreiten genötigt, misshandelt und bedroht. Wann immer sich ihm jemand mit einer Erwartung näherte, bewaffnet mit Sattel und Zaumzeug, zog er sich in sich zurück, und der Glanz in seinen Augen erlosch wie eine Lampe. Mit Zwang und Gewalt erzielten seine Bereiter bei ihm eine gewisse maschinelle Funktionalität – bis ihm die Zumutung zu groß wurde und er sich durch Buckeln und kopfloses Davonstürmen dagegen wehrte. Wie viel wunderbarer würde sein Ausdruck sein, wenn er sich freiwillig präsentierte, aus purer Lebensfreude, aus innerer Verbundenheit, Zutraulichkeit und tief empfundener Hingabe an seinen Menschen? Wenn es mir bei mir selbst gelänge, jenes verletzliche Wesen aus mir hervorzulocken und zu befreien, würde es mir dann auch bei Gitano gelingen? Vielleicht sogar synchron? Während ich mir diese Frage damals stellte, spürte ich bereits die Antwort – und sie sollte sich bestätigen. Obwohl meine reiterlichen Fertigkeiten eigentlich gar nicht ausreichten, um ein junges Pferd einzureiten, geschweige denn, einen »verdorbenen« und explosiven Hengst zu korrigieren, trug Gitano mich bereits wenige Wochen später mit großer Begeisterung durch die Landschaft, mit sanfter Zäumung, ohne Trensengebiss. Heute ist er nicht nur das stürmischste, sondern mir gegenüber auch das zärtlichste Pferd, das ich je gekannt habe. Das schelmische Leuchten in seinen Augen lässt jeden innehalten, der ihm begegnet. An seiner Wahrhaftigkeit kommt keiner vorbei.

Das Wunderbare an diesen Seelenbildern ist, dass sie in ihrer Vielschichtigkeit auf uns wirken, uns heilen und verwandeln, auch wenn wir sie intellektuell nicht vollständig durchdringen. Es macht Spaß, ihren symbolischen Gehalt auszuknobeln – oftmals liegt er auch auf der Hand. Vielleicht bildet die Auslegung eines Ikonogramms das Sahnehäubchen auf dem Ganzen, denn eine aus dem Unbewussten ans Licht gezauberte Erkenntnis ölt eingerostete Denkstrukturen und stärkt unser Vertrauen in die Genialität der uns innewohnenden Weisheit. Je geschmeidiger sich unser Intellekt gegenüber den mythischen Potenzialen unseres Bewusstseins erweist, desto kreativer werden wir auch in unserem Alltag. Dennoch ist es keine Bedingung, die genaue Bedeutung des Bildes zu kennen, damit seine Wirkung sich in uns entfalten kann. Jede Interpretation ist immer auch eine Reduktion des multidimensionalen Bedeutungsgehalts.

Übung: Erstelle ein schriftliches Ikonogramm

Um das Ergebnis deines automatischen Schreibflusses zu kanalisieren und dich beim Schreiben nicht in Beliebigkeit zu verlieren, ist es sinnvoll, dich auf eine konkrete Fragestellung zu fokussieren. Beginne die Entwicklung deines eigenen »Filmclips« darum wie beim *Symboling* mit einer Intention, die du im Theta-Zustand formulierst, zum Beispiel:

Ich bin das ICH BIN. Ich erlaube mir, eine plastische Botschaft darüber zu empfangen, was meinem gegenwärtigen Konflikt zugrunde liegt. Jetzt! Danke. Es ist geschehen.

Oder konkreter: *Ich erlaube mir, ein sprechendes Video darüber zu sehen, wie ich meinem Partner augenblicklich begegnen soll, damit wir wieder näher zueinanderfinden.*

Natürlich kannst du auch ein allgemeines Thema wählen, zu dem du dir Inspiration und höhere Erkenntnis wünschst, zum Beispiel Macht, Partnerschaft, Realität, Verlust, Zukunft, Reichtum, Erfolg, Kindheit, Magie ...

Nachdem du den Impuls abgeschickt hast, beobachte möglichst passiv, was für Eindrücke, Bilder, Gedanken- und Wortfetzen sich in deinem Kopf allmählich zu einem konkreten Szenario zusammensetzen. Du kannst mit dem Schreiben entweder ein wenig abwarten, bis sich ein klares Bild ergibt, was dein näheres Interesse erregt, oder sofort loslegen, deine Eindrücke schriftlich festzuhalten. Letzteres kann ein wenig mehr Zeit beanspruchen und scheinbar über Umwege führen, dir dafür aber detailreichere Informationen liefern, denn indem du deine komplexen visuellen Eindrücke und sensitiven Empfindungen in die Linearität der verbalen Sprache überträgst, verlangsamst du den inneren Film unwillkürlich und entscheidest Wort für Wort darüber, was du dir genauer anschauen willst. Damit zoomst du automatisch dichter an die Bilder heran.

Richte an das Szenario immer wieder konkrete Fragen, um seine Dynamik genauer auszuloten und seinen tieferen

Gehalt zu erschließen. Befrage dabei insbesondere einzelne Figuren nach ihren Gefühlen und ihrer jeweiligen Motivation, wie du es vom *Symboling* her kennst.

Notiere zwischendurch auch deine jeweiligen Gefühle, Körperempfindungen und physischen Reaktionen. Diese geben dir Aufschluss über die jeweilige Brisanz, die eine Szene für dich hat. Vermeide es aber, während des Schreibens das Geschehen zu deuten, denn das bringt dich aus dem Flow – es sei denn, eine konkrete Bedeutung wird automatisch mitgeliefert. Die Einmischung deines Verstandes könnte die Botschaft verfälschen und den Film vorzeitig zum Erliegen bringen. Im Rückblick, beim anschließenden Durchlesen deines Textes, kannst du darüber dann genauer reflektieren.

Lege deinen Stift erst nieder, wenn das Bild sich rund und gut anfühlt und du zu einer befriedigenden Lösung gekommen bist, und folge dem Szenario so lange, bis sich diese einstellt. Durch gezielte Fragen, was es bräuchte, um dieses oder jenes fühlen oder tun zu können, kannst du deinen inneren Prozess unterstützen. Die Lösung musst du schließlich nicht rational begreifen oder erkennen, sie offenbart sich dir durch ein deutliches Wohlgefühl und einen erweiterten Wahrnehmungsradius. Ungelöste Konflikte lassen dich dagegen in einem Gefühl der Enge und Härte verharren.

Manche Clips erscheinen dir sehr kurz und bringen schnell auf den Punkt, was deine Seele dir vermitteln will, manchmal nur durch ein einzelnes plakatives Bild. Andere dagegen ziehen epische Kreise durch deine Imagination und offenbaren dir erst allmählich ihre Botschaft. Beide Varianten haben ihren Reiz. Ich persönlich bevorzuge die etwas längeren Versionen, die es mir ermöglichen, die Veränderung auch emotional nachzuvollziehen. Dabei haben meine Gefühle genügend Zeit, sich Schritt für Schritt an die neue Erkenntnis anzupassen. Allzu große Sprünge im Bewusstsein, etwa in Form spektakulärer Geistesblitze, hinterlassen potenziell Lücken in meinem System, die sich nur schwer mit dem jeweiligen Gefühl füllen lassen, das die alten mit den neuen Strukturen meiner Mentalität verknüpft. Im Zweifelsfalle bleibt es dann bei einer isolierten Erkenntnis, die sich kaum in das praktische Erleben integrieren lässt. Tiefgreifende Verwandlungen erfordern ein tiefes Eintauchen in den persönlichen Prozess.

Übung:
Beschreibe den Zirkus deiner Imagination

Stell dir vor, dein Leben sei ein Wanderzirkus. Deine Existenz hinge davon ab, das Publikum Abend für Abend mit Sensationen bei Laune zu halten. Zu welcher Artistenrolle fühlst du dich am meisten hingezogen? Bist du der Schwertschlucker, der Dompteur oder der Löwe, der durch den Feuerreifen springt? Der Clown, der über die eigenen Füße stolpert, oder die Affenkombo, die ekstatische Trommelwirbel heraufbeschwört? Bist du der Messerwerfer oder das Mädchen auf der rotierenden Zielscheibe, Liliputaner, Hungerkünstler oder Magier? Voltigierst du auf prächtigen Lipizzanern oder turnst du als Akrobatin unter der Zeltkuppel? Lässt du dich als Tanzbär am Nasenring durch die Manege führen oder bist du der Direktor des ganzen Zirkus?

Schließe deine Augen, gleite in den Theta-Zustand und steige in die Manege. Schlüpfe in die Rolle der Figur, die am stärksten deine Aufmerksamkeit erregt. Spüre die knisternde Atmosphäre, die Spannung zwischen der Erwartung der Zuschauer und deiner Vorstellung. Betrachte deine Rolle als Zirkusakteur aus verschiedenen Perspektiven und in unterschiedlichen Phasen deiner Darbietung. Hast du Lampenfieber vor deinem Auftritt? Fühlst du dich wohl im Rampenlicht? Bist du im Flow? Wie fühlst du dich, nachdem der Vorhang gefallen ist? Lass dich von deiner Fantasie in die archetypischen Gefilde deines Bewusstseins entführen! Denn der Zirkus als formvollendete, gleichermaßen spielerische wie triumphale Dressur des Kreatürlichen ist tief in der menschlichen Kultur verwurzelt.

Taste deine Eindrücke Bild für Bild mit deiner Schreibhand ab, wie ich es im vorherigen Kapitel demonstriert habe, und stelle zwischendurch Fragen, um tiefer in bestimmte Details einzutauchen oder deinem Film einen neuen Dreh zu verpassen.

Das folgende Textbeispiel habe ich im direkten Anschluss an eine solche Fantasiereise auf der Basis meiner mitgeschriebenen Skizze sprachlich ausgefeilt, indem ich rückblickend immer wieder in die Original-Szenerie eingetaucht bin, die sich dadurch weitergesponnen und variiert hat. Das verbale Abtasten und Erkunden einer Imagination aus der Erinnerung heraus, der Versuch, die gewonnenen Eindrücke exakt zu beschreiben, kann nach der ersten automatischen Mitschrift weitere Facetten darin zum Vorschein bringen, denn die Präzision der schriftlichen Sprache erfordert ein genaueres Hinschauen und Hineinspüren. Vielleicht inspiriert es dich, es damit selbst einmal zu probieren.

Hinter meinen geschlossenen Augenlidern balanciere ich in schwindelerregender Höhe über ein Drahtseil, hellwach und berauscht zugleich. Ein unsichtbares Netz aus Achtsamkeit gibt mir Halt, aufgespannt von der bangen Bewunderung des Publikums, getragen von den Stützpfeilern meiner Hingabe. Die geheimnisvolle Kraft meiner frei fließenden Instinkte steuert die vollkommene Choreografie meiner Bewegungen. Die Zeit steht still, während mein Körper geschmeidig und sicher über das Seil tanzt und kunstvolle Figuren in der Luft beschreibt. Die Figuren sind minutiös einstudiert, und doch entscheidet jede Nuance meiner Bewegungen im Hier und Jetzt über Leben oder Tod.

Der Absturz erfolgt mit dem Fall des Vorhangs. Mein Herz hämmert gegen meine Brust wie die Regentropfen auf das Dach meines Wohnwagens. Direkt vor meinem Fenster prügelt sich der Schwertschlucker mit dem Clown um den letzten Tropfen Wodka. Der Direktor poltert gegen die schlecht schließende Tür und winselt um Einlass. Meine Beine zittern. Mir ist speiübel. Der Heizstrahler ist ausgefallen. Die Nelke in der Wasserflasche lässt ihren Kopf hängen. Anders als hoch oben in den Lüften der Zirkuskuppel, wo ich dem Zugriff irdischer Begierden enthoben bin, fühle ich mich im Bodensatz meines Daseins von den anderen in die Enge getrieben, meiner Schwäche wehrlos ausgeliefert, zerbrechlich und verwundbar. Welche Kraft könnte mir nun helfen, da die Magie meiner frei schwebenden Angst auf dem Seil einem Gefühl der Beklemmung gewichen ist? Ich lasse die Rollläden herunter, ziehe meine Frotteepantoffeln über die Füße und atme tief durch.

Rastlos läuft er auf und ab und stößt allenthalben ein bedrohliches Grollen aus. Wie fühlt es sich an, ein Löwe hinter Gittern zu sein, gedemütigt und genarrt von Narren? Durchschaut er das Gaukelspiel der Zivilisation? Hört er hinter den Kulissen von Glanz und Glorie das Knirschen im Getriebe? Hat er eine Ahnung von der Potenz seiner Zähne und Klauen? Aug in Aug mit der majestätischen Bestie steigt eine unbändige Wut in mir hoch und drückt gegen meinen Solarplexus. Wie hypnotisiert öffne ich den Käfig. Der Löwe faucht und speit Feuer und setzt den Zirkus in Flammen.

Seite an Seite wandern wir durch die Wüste. Ich schmiege meine Ohrmuschel in den Sand. Der tosende Applaus geht in ein feines Rieseln über. Die Sonne verglüht meine Lungen und mein Verlangen. Mit der nächsten Brise verweht meine Existenz als Zirkusprinzessin. Eingebettet in das Gold der Landschaft ergebe ich mich den Elementen, überlasse mich Sonne und Wind, Hitze und Kälte, Augenblick um Augenblick, ein Sandkorn unter Sandkörnern.

*Mein Reifröckchen aus zarter Spitze schlägt Purzelbäume
und malt lustige Figuren in den Grund. Dann verwehen
auch diese. Der Löwe findet Schatten unter einem Baum.
Am Horizont hinter einer Düne erscheint seine Familie.*

Die fraktale Organisation unseres Lebens

Angewandt auf *ThetaFloating* besagt das Prinzip vom fraktalen Universum, dass jedes noch so beliebige Bild, das wir
zu einem Problem channeln, nicht nur sämtliche Informationen über seine gegenwärtige Dynamik enthält, sondern
auch sämtliche Schlüssel, die wir benötigen, um das Muster
zu durchbrechen – denn alles ist in einem enthalten. Es gibt
nur das eine Bewusstsein, das unzählige Male in sich selbst
fragmentiert ist. Insofern können wir gar nichts Falsches
oder Ungenügendes channeln. Wir müssen nur lernen, mit
den vorhandenen Informationen kreativ umzugehen, und
Strategien erarbeiten, wie wir die Informationen unseres
konkreten Bildes heilsam erschließen können.

Jede Situation in der Gegenwart weist unser energetisches Grundmuster auf, das wir in der Vergangenheit gebildet haben. Solange es in problematischer Weise aktiv ist,
haben wir darunter zu leiden. Mit der obigen Erkenntnis
können wir uns den schmerzhaften Schritt jedoch ersparen,
in unser Ursprungstrauma zurückzugehen, um unser Muster zu heilen – für viele eine vermeintliche Notwendigkeit,
die sie davon abhält, ihr Thema überhaupt anzuschauen
und seine Bewältigung eigenständig in die Hand zu nehmen. Wir gehen stattdessen einfach von der Situation aus,
in der sich das Muster heute zeigt, oder aber – wie wir es
beim *Symboling* praktizieren – von einem entsprechenden
Symbol; damit können wir es dann exemplarisch verwandeln. Alles, was wir dafür brauchen, ist in unserem Bild in
kodierter Form enthalten. Der persönliche Indikator, der

uns jeweils anzeigt, an welchem Punkt des Prozesses wir stehen, ist unser Gefühl. Unser emotionales Leitsystem funktioniert blind: Eingebunden in den entsprechenden Kontext kann es uns die Augen für alles öffnen, was wir über uns erfahren wollen.

Die dramaturgischen Muster, die Spannungsbogen unserer persönlichen Biografie spiegeln sich nicht nur holografisch in all unseren Lebensbereichen wider, sie entspringen auch, von der nächsthöheren Warte aus gesehen, den Dramen unseres Kollektivs. Sämtliche Alltagserlebnisse, und seien sie noch so banal, sind in einen größeren Zusammenhang eingebunden, am augenscheinlichsten eben in den unserer Lebensgeschichte. Darüber hinaus birgt jedes Ereignis unseres Alltags immer auch eine mythologische und sogar kosmische Dimension sowie unzählige weitere. Wenn alles dem einen Bewusstsein entspringt, findet sich die Antwort auf eine beliebige Frage schließlich auch auf dem Etikett eines Joghurtbechers. Oder bei der Müllabfuhr. Eine Klientin berichtete mir während einer *ThetaFloating*-Session, dass vor ihrem Fenster nun schon zum dritten Mal unter großem Getöse ein Müllauto vorbeigefahren sei, obwohl der Müll normalerweise an einem anderen Wochentag abgeholt würde. Sie las es als sinnbildliche Bestätigung für den Abtransport ihres psychischen Mülls, den wir aus ihrem Zellbewusstsein hervorgeholt hatten. Unserem Glauben, der in allerlei Denkmuster eingebunden ist, erscheint der Gedanke, dass hinter den »zufälligen« Synchronizitäten unseres Lebens tatsächlich ein ausgeklügeltes System steckt, ungeheuerlicher als der reinen Vernunft. Rational gesehen, müssen wir die göttliche Logik nur konsequent zu Ende denken.

Erst angesichts dieser Logik beginnt mein Intellekt anzuerkennen, wie relevant auch das astrologische Deutungssystem für unser persönliches Leben sein muss. Denn solange sich etwas meinem Verstand nicht erschließt, findet es vor ihm entweder keine Beachtung, oder er sabotiert es, weil er sich davon übergangen fühlt. So ist das mit den unerwünschten Aspekten unseres Bewusstseins – irgendwann rächen sie sich für unsere Ignoranz. Alles verläuft nach derselben Dynamik.

Ich musste meinem zwar religiösen, aber aufgeklärten Elternhaus und der anschließenden akademischen Mühle erst lange genug den Rücken gekehrt haben, um mich einer Realität zuwenden zu können, die sich wissenschaftlich zwar zumindest modellhaft belegen lässt, die jedoch in den einschlägigen Kreisen noch immer belächelt wird. Gewappnet mit der fraktalen Logik des Bewusstseins kann sich endlich auch mein Verstand erlauben, sich für eine Dimension zu öffnen, mit der mein Herz schon immer in Resonanz war. Kopflastigkeit ist letztlich nichts weiter als eine akademisch legitimierte Form der Fremdherrschaft, so wie Aberglaube eine fremdbestimmte Form des Glaubens ist. Doch selbst die blinden Flecken meines Verstandes finden auf kosmischer Ebene ihre Entsprechung – oder was sind Schwarze Löcher anderes als die blinden Flecken des Alls? Hinter dem größten Blackout verbirgt sich schließlich die größte Erkenntnis. Am besten lacht, wer über sich selbst lachen kann. Ganzheitlich gesprochen, lacht man immer nur über sich selbst.

Übung:
Erkenne die Zeichenhaftigkeit in jedem Detail

Gewöhne dir grundsätzlich an, deine gesamte Umgebung in deine Klärungsprozesse mit einzubeziehen, und erkenne die Zeichenhaftigkeit in jedem Detail. Was kann diese Tasse oder dieser Stuhl dir zu einer bestimmten Fragestellung offenbaren? Was könnte die Montageanleitung deiner neuen Espressomaschine mit deiner gegenwärtigen Situation zu tun haben? Oder welche Wahrheit ist in der Geschichte verborgen, die du »zufällig und wahllos« in einem verstaubten

Micky-Maus-Heft aufschlägst? Welche tiefere Bedeutung hat der Schimmelfleck in deiner Duschkabine? Was sagt es über dein Verhältnis zur Umwelt aus, dass die Türklingel dich genau in jenem Augenblick unterbricht, in dem du dich auf diese Übung konzentrieren willst?

Räume und Objekte

Das intuitive Scannen von Räumen und Objekten ist eine wunderbare Möglichkeit, mehr über deine Persönlichkeit zu erfahren – über die Energien, die dir innewohnen, mit denen du dich umgibst, die du mit dir herumträgst. In meinen Seminaren gerate ich immer wieder ins Staunen, wie akkurat und hellsichtig meine Teilnehmer gegenseitig ihre Räume scannen – Orte, die sie nie zuvor gesehen haben und von denen ihnen für diese Übung nicht mehr Informationen vorliegen als wenige, auf einen Zettel gekritzelte Stichworte wie »Dreizimmerwohnung in Stuttgart« oder »Einfamilienhaus an der Elbe«. Ihre Treffsicherheit, was die Atmosphäre dieser Orte bis hin zu tatsächlich darin enthaltenen Details betrifft, ist dabei oft geradezu unheimlich.

Bei dieser Übung biete ich gerne offene Erzählrunden, um das Vertrauen der Teilnehmer in ihre intuitiven Gaben zu stärken – das unmittelbare Feedback der anderen dient dabei als Bestätigung ihrer intuitiven Wahrnehmung. Auch sensibilisiert uns diese Übung für die holografische Beschaffenheit des Bewusstseins, die natürlich auch für die »tote Materie« gilt. Dabei wird offensichtlich, dass die Materie keineswegs »tot« ist, sondern sie ist aufgeladen mit der Energie ihrer Träger bzw. der Menschen, die sich darin bewegen. Häuser und Gegenstände sind offene Bücher – sie beinhalten Allegorien der Menschen, die sie bewohnen.

Wie kommt es, dass die Informationen über einen fernen Ort oder einen Gegenstand sich über ein paar Worte auf einem zusammengeknüllten Zettel transportieren lassen, als seien sie buchstäblich darin eingeschrieben? Alles ist Bewusstsein. Bewusstsein ist non-lokal, das heißt, es ist nicht an einen bestimmten Ort gebunden. Sobald ich die Adresse eines Ortes auf einem Zettel notiere, projiziere ich sämtliche Informationen, die ich bewusst oder unbewusst mit diesem Ort verbinde, in meine Schrift bzw. übertrage das Frequenzmuster dieses Ortes auf den Zettel. Damit ist eine andere Person imstande, kraft ihres ausgedehnten Bewusstseins dieses Informationsfeld auszulesen.

Übung:
Kläre und programmiere deine Räume und Objekte

Schau dich zunächst aufmerksam in deinem Zimmer um. Achte dabei besonders auf deine Gefühle. Wie gefällt dir deine Wohnungseinrichtung? Ist sie gemütlich oder kalt, lichtdurchflutet oder dunkel, altmodisch oder modern, edel oder billig, überladen oder asketisch wie ein Zen-Tempel? Bevorzugst du romantische Tücher und Gardinen oder klare Linien? Ist es ordentlich oder chaotisch bei dir, sauber oder schmuddelig? Gibt es vollgestopfte Ecken oder Schränke? Wie ist die Atmosphäre deiner Räume? Fühlst du dich wohl darin oder beengt und bedrückt? Was hast du schon alles in diesen Räumen erlebt? Welche Menschen waren zu Besuch? Wie viele Tränen hast du hier geweint oder gelacht? Sitzt du gut dort, wo du gerade sitzt? Wie gedeihen die Zimmerpflanzen bei dir, wenn du welche hast?

Natürlich können wir die Energie eines Ortes auch bewusst verändern. Fokussiere dich auf einen bestimmten Bereich in deinem Zimmer und erlaube deinem Quellbewusstsein, ihn zu deinem höchsten und besten Wohl zu ordnen und zu klären. Setze dafür im Theta-Zustand einen simplen Impuls und beobachte anschließend vor deinem inneren Auge oder fühle, wie sich die Energie im Zimmer verändert.

Mit welchen energetischen Qualitäten soll dein Schreibtisch ausgestattet sein (z. B. Konzentration, Inspiration, Erkenntnis, Fleiß, Flow, Leichtigkeit)? Wie möchtest du dich fühlen, während du an deinem Küchentisch oder im Esszimmer deine Mahlzeiten einnimmst – und vor allem auch danach? Welche Energiequalitäten benötigst du in deinem Schlafzimmer, um dich optimal zu regenerieren und wohlzufühlen? Setze entsprechende Impulse oder kreiere vollkommene Wohn-Module, die ihren Zauber in deinen Räumen entfalten. Und welche Art von Wesen möchtest du zu dir einladen? Bringe einen Filter an deinem Hauseingang an, der nur solche Menschen über deine Türschwelle lässt, die deine Gastfreundschaft zu schätzen wissen. Auch deine Website, deine Visitenkarte, deine Firma und deinen Arbeitsplatz kannst du auf diese Weise programmieren, deine Bilder, Bücher, Putzlumpen, Nahrungsmittel – der Kreativität sind keine Grenzen gesetzt!

Channeling und Geistführer

»Du gehst offenbar selbstverständlich davon aus, dass jeder einen Geistführer hat«, lautete der bange Kommentar einer meiner Seminarteilnehmerinnen, nachdem ich der Gruppe die Aufgabe gestellt hatte, ihre Geistführer zu einem lockeren Kennenlernen einzuladen. Aus ihrer Frage sprach die Befürchtung, nicht bedeutend genug zu sein, um Weisheiten aus einer höheren Bewusstseinsdimension zu empfangen. Bist du es dir wert? Dann erlaube dir, deine rechte Hirnhemisphäre einzuschalten – mit der kannst du nämlich wunderbar assoziieren und herumspinnen –, und leg los! Sofern es dir Spaß macht, mit Geistführern oder Engeln zu plaudern, gehe ich in der Tat davon aus, dass dir diverse Wesenheiten begegnen werden. Die Kommunikation mit feinstofflichen Wesen läuft über dieselben Sinneskanäle, mit denen du auch Informationen für ein *Symboling* empfängst. Stell dir dabei vor, dass dein Geistführer ein weiser Berater ist, der dir in allen Belangen deines Lebens exklusiv zur Seite steht.

Wenn wir unser Ego transzendieren und mit dem Quellbewusstsein verschmelzen, brauchen wir im Prinzip keine Engel oder Geistführer, um übergeordnete Informationen zu kanalisieren. Ich finde allerdings, dass es lustiger ist, mit einer personifizierten Energie zu kommunizieren. Und du findest das auch – sonst wärst du nämlich ganz allein auf der Welt. Alle Wesen, ob Mensch oder Tier, sind personifizierte Fraktale des einen Bewusstseins, genau wie Geistführer oder Engel. Sie sind nicht weniger real oder irreal als du selbst, deine Großmutter oder dein Goldhamster. Oder würdest du sagen, dass auch Liebe nicht existiert, weil wir sie nicht anfassen können? Indem du deinen Geistführer als solchen wahrnimmst, erschaffst du ihn in deiner Wahrnehmung. Du meinst, das wäre geschummelt? Du willst lieber mit einem echten Geistführer reden als mit einem imaginierten? Dann vergegenwärtige dir noch einmal Folgendes:

Information ist in Form gebrachtes (in-form-iertes) Bewusstsein. Jede Botschaft wird durch unsere Wahrnehmung gefiltert. Wenn ich einen Engel als Lichtwesen mit einer bestimmten Farbe oder Flügeln wahrnehme, dann ist das ein Filter, dessen Beschaffenheit auf bestimmten kulturellen Vorstellungen und Übereinkünften beruht. Ein Engel ist – genau wie du und ich – ein flexibles Wellenmuster aus Informationen. Das reine Sein wird durch ein Wahrnehmungsmuster gefiltert, das meiner Bewusstseinsstruktur ähnlich ist – und nur dadurch kann ich es überhaupt wahrnehmen. Natürlich verändert sich mein persönliches Bewusstsein ständig und damit meine Wahrnehmung.

So werden auch gechannelte Botschaften (engl. *channel* = Kanal), unabhängig davon, welcher Quelle sie entstammen, von dem Medium gefiltert, von dem sie anschließend kommuniziert werden. Sie sind umrahmt, strukturiert und geprägt von seinem persönlichen und kulturellen Weltbild. Du kannst nur das empfangen, was auf deiner Wellenlänge liegt. Die Person, durch deren Empfangskanal die Inhalte fließen, übersetzt sie in ihre persönliche Sprache. Eine Sprache aber ist mehr als die Summe ihrer Worte. Eine Sprache beruht auf einem bestimmten Denksystem. Ein System wiederum entsteht aus dem Gruppenbewusstsein. So findest du in der gegenwärtigen esoterischen Szene zahlreiche gechannelte Botschaften, die einander in ihrem Denken stark ähneln.

Jeder Akt des Schreibens ist ein Hinauswachsen über dich selbst. Du bedienst dich beim Schreiben aus einem kollektiven Wissenspool und bist niemals die alleinige Urheberin deiner Texte, nicht eines einzigen Buchstabens. Aber natürlich entsprechen die Art deines Schreibens und der konkrete Inhalt, den du empfängst, deinem ganz persönlichen Frequenzmuster.

Leicht – präzise – schnell: Shotoki

Es war im Spätsommer 2008. Meine erste Unterweisung in praktischer Spiritualität lag einige Monate zurück, und ich hatte von einer Musik-Institution die Einladung erhalten, einen literarischen Text zu schreiben, genauer eine Art Wortkonzert, das wenige Wochen später von einem renommierten Textchoreografen inszeniert werden sollte. Da ich neben meiner Freiberuflichkeit kaum Zeit für künstlerische Arbeiten hatte, besann ich mich auf meine frisch gewonnenen Zauberkenntnisse.

Ich expandierte ins Theta-Stadium und lud über einen Impuls einen Geistführer in mein Energiefeld ein, der mir helfen sollte, die Prinzipien der Leichtigkeit, Schnelligkeit und Präzision bei meinem Schreibprojekt zu verwirklichen – und am besten auch gleich noch in meinem Leben. Augenblicklich wirbelte aus dem Nichts ein Typ mit langen schwarzen Haaren und einem schwarzen Umhang in mein Bewusstsein. Er vollführte in der Luft einige blitzschnelle Karatebewegungen, landete dann vor meinen Füßen und verbeugte sich galant. »Mylady – darf ich vorstellen? Mein Name ist Shotoki!« Er hatte kristallblaue Augen in einem asiatischen Gesicht.

Damals konnte ich mich mit ihm verbal noch kaum verständigen, darum führte er mir pantomimisch vor, was ich tun sollte. Zunächst erbat ich von ihm eine inhaltliche Inspiration zu meinem Text. Ich sah, wie er in einen Schützengraben sprang und die Gebeine von Kriegsgefallenen hervorholte. Dazu hörte ich eine seltsame Musik. Ich wusste nicht, was das zu bedeuten hatte, doch wenig später kam mir die Idee, aus meinem Wortkonzert ein Requiem zu machen.

Bevor ich mich an die Arbeit machte, googelte ich erst einmal seinen exotischen Namen. Dabei fand ich heraus, dass *Shotokan* eine japanische Karatekunst ist. Ich war wie vom Blitz getroffen über die Genialität dieser Allegorie. Wer könnte die Prinzipien von Leichtigkeit, Schnelligkeit und Präzision besser verkörpern als ein Karateka?

Mein Requiem ergoss sich binnen zweier Tage spielerisch und leicht in die Tastatur, und bis heute halte ich den Text für einen meiner gelungensten und poetischsten. Nach dem Wortkonzert inszenierte ich ihn noch einmal selbst im Rahmen eines größeren Theaterstücks.

Längst ist Shotoki nicht mehr nur mein Schreibcoach, sondern mein ständiger Begleiter. Beim Entwickeln der *Symboling*-Technik erwies er sich als deren eigentlicher Inspirator. Denn gerade hier offenbart sich sein Karate-Prinzip, die Kraft des Gegners in die eigene Stärke zu überführen.

Woran merke ich, ob eine Durchsage integer ist?

Du meinst, sie könnte auch von einem Scharlatan oder Dämon stammen, der dir Böses will? Die größte Gefahr beim Channeln ist meiner Ansicht nach die, dass du dir selbst im Weg stehst. Wenn du dir über die Integrität des Absenders unsicher bist, frage dich ganz einfach: Wie fühlt sich die Botschaft an? Wohltuend und stärkend? Oder reduziert sie dein Selbstwertgefühl? Öffnet sie dein Herz oder weist sie dich in deine Schranken? Erlaube dir, deine persönliche Wahrheit zu spüren. Merke: Statements aus höheren Ebenen des Bewusstseins sind immer konstruktiv, wertschätzend und im Tonfall respektvoll. Solltest du einer nörgelnden, verächtlichen, zynischen, drohenden, dein Selbstwertgefühl in irgendeiner Weise reduzierenden oder gar vernichtenden Stimme begegnen, kannst du davon ausgehen, dass sie aus niederen Gefilden deines Bewusstseins stammt. Lass dich davon nicht einschüchtern, sondern biete ihr einen symbolischen Milchkaffee an und wende dich dann wieder deiner Höherführung zu! Lade noch mal ein paar Theta-Wellen nach, zentriere dich wieder und richte deinen Fokus neu aus.

Informationen von einer höheren Warte deines Bewusstseins erkennst du immer daran, dass sie deine Sichtweise »erhöhen«, dir neue Perspektiven eröffnen oder Zusammenhänge aufzeigen, die dir in dieser Tragweite noch nicht klar waren. In-Spira-tion oder ein Einfall ist etwas aus geistiger Ebene in uns Einfallendes. Ob du dabei Metathron oder einen Erdgnom namens Uwe im Ohr hast, ist vollkommen unerheblich. Entscheidend ist der ideelle oder praktische Wert, den du aus einer Botschaft ziehen kannst.

Dein Zellbewusstsein kann nicht unterscheiden, ob das, was du wahrnimmst, objektiv vorhanden ist oder nicht. Wahr ist, *was du für wahr nimmst*, also als Wahrheit akzeptierst. Darum kannst du auch nichts »Falsches« wahrnehmen, nur etwas, was sich mehr oder weniger gut anfühlt. Wahrheit ist, was dich in deiner Würde und deinem Wachstum bestärkt. Eine Wahrheit ist wahr, wenn sie dich entspannt, befreit und tiefer atmen lässt.

Gut gefragt ist halb geantwortet

Die Qualität des Dialogs mit deinem Geistführer hängt davon ab, wie du deine Fragen formulierst. Deine Fragen sind die Form, in welche der Inhalt der Antwort sich ergießen kann. Jede deiner Fragen birgt eine bestimmte Vorstellung von Realität. Wenn dein Weltbild sehr eingeschränkt ist, kann es sein, dass die Antwort, nach der du dich eigentlich sehnst, nicht hineinpasst. Je drängender deine Frage ist, desto größer ist vermutlich das persönliche Leid, dem sie entspringt. Innerer Druck resultiert aus einem verengten Bewusstsein; damit sind wir blind für die Möglichkeiten, die sich uns ringsherum bieten. So kommt es, dass wir oft lange nach einer Antwort auf unsere drängendsten Fragen suchen müssen. Versuche also, deinen Geist zu entspannen, bevor du in den Dialog mit deinem Geistführer trittst – im Theta-Stadium fällt dir das ja leicht.

Formulierst du deine Fragen eng, werden auch die Antworten eng ausfallen. Fragst du zu allgemein, verliert sich die Antwort möglicherweise in Beliebigkeit. Wenn du auf eine bestimmte Frage nur unbefriedigende Antworten von deinem Geistführer erhältst, hinterfrage diese Antwort und fordere eine neue ein, die deinem Verständnis besser gerecht wird. Nur so bleibst du offen für hilfreichere Antworten – und die hat dein Geistführer garantiert für dich parat! Er wartet nur auf die Öffnung deines Geistes. Je offener du bist, desto umfassender und darum persönlich befriedigender werden die Antworten sein. Dein Bewusstsein weitet sich zusätzlich mit jeder frisch gewonnenen Inspiration – und damit auch dein Herz.

Stelle möglichst keine Fragen, die sich mit Ja oder Nein beantworten lassen, sonst läufst du Gefahr, dass dein Ego mit seinen Befürchtungen oder seinem Wunschdenken die mögliche Antwort kontrolliert. Mit einer klar gesetzten Intention, worüber genau du etwas erfahren möchtest, kannst du einen optimalen Nachrichtenfilter in deinem Zellbewusstsein installieren, etwa so:

Ich bin das ICH BIN, ich erlaube, eine klare Ansage darüber zu erhalten, worin mein nächster Schritt zur Erschließung meiner nächsten Aufgabe bestehen soll. Jetzt! Danke! Es ist geschehen.

Notiere dann die Antwort deines Geistführers, bevor du die nächste Frage stellst, und taste dich auf diese Weise in kleinen Schritten vor, bis eine komplexere Unterhaltung beginnt. Wiederhole gegebenenfalls deine letzte Frage in einer anderen Formulierung, solltest du keine oder nur eine unbefriedigende Antwort vernehmen. Ich habe die Erfahrung gemacht, dass sich die Genialität einer gechannelten Aussage, die ich impulsiv zurückweisen wollte, manchmal erst im Nachhinein erschließt. Auch darum ist es sinnvoll, dem Dialog schriftlich zu folgen – dann kannst du ihn hinterher noch einmal nachlesen. Ich bin manchmal verblüfft, dass einige der Botschaften, die mein Geistführer mir bereits vor Monaten oder Jahren in wortreichen Dialogen übermittelt hat, inzwischen zu Selbstverständlichkeiten geworden sind, obwohl ich mich gar nicht mehr an seine konkreten Hinweise erinnern kann. Das zeigt mir, dass die Weisheit, die in den Gesprächen steckt, auch jenseits davon ihren Weg in unser Leben bahnt. Möglicherweise ist ihre Entfaltung aber durch die Gespräche initiiert worden.

Indem ich sie mitschreibe, folgen meine Dialoge mit der geistigen Welt einer streng linearen Gesprächsführung, das heißt, ich erhalte rational nachvollziehbare Informationen. Linearität bedeutet, dass die Information durch eine vom Sprachzentrum begrenzte Öffnung des Bewusstseins gelangen muss. Dadurch wird einerseits natürlich eine Menge ausgeklammert. Andererseits beugt diese strenge Filterung möglichen Empfangsblockaden vor, die entstehen können, wenn die Informationen, die dich erreichen wollen, überkomplex sind; denn dann bekommst du sie buchstäblich nicht mehr auf die Reihe. Bilder transportieren viel mehr Information als Worte. Sie erlauben oftmals eine Fülle an Interpretationen und eröffnen uns neue Spielräume. Vieles, was du aus den höheren Ebenen deines Bewusstseins empfängst, wirst du kaum in Worte fassen können. Versuche es trotzdem! Fordere durchaus die nötige Klarheit von deinem Geistführer ein! Er wird dich behutsam an die Hand nehmen und dich in die Kunst des Channelns einführen.

Meine Geistführer antworten oftmals mit didaktischen Gegenfragen. Auf diese Weise stellt sich der Duktus einer Coaching-Einheit wie von selbst ein. Du kannst auch eine *Symboling*-Session von deinem Geistführer moderieren und dich von ihm durch deinen konkreten Transformationsprozess begleiten lassen.

Erwarte nicht zu viel von der äußeren Erscheinung deines Geistführers oder von seiner Art zu sprechen. Unsere feinstofflichen Helfer inszenieren ihren Auftritt eher selten mit Staatskapelle und Stroboskopblitzen. Häufig erreichen uns ihre Kommentare beinahe beiläufig – so beiläufig, dass wir ihren Absender oft nicht einmal bemerken. Sie kommunizieren ständig auf allen möglichen Kanälen mit uns, etwa über Orakel- oder Weisheitskarten, Zeitungsartikel, das hilfreiche Angebot eines Kollegen, den Scheißhaufen vom Nachbarshund auf unserer blank polierten Marmortreppe oder den ehrlichen Kommentar einer Freundin. Das mag daran liegen, dass wir es nicht gewohnt sind, ihnen explizit Gehör zu verschaffen. Zu groß ist unsere Angst, mit unserer hoffnungsvollen Erwartung ins Leere zu laufen, allenfalls ein weißes Rauschen zu vernehmen und im Endeffekt doch wieder nur auf das leidige Genörgel unseres Egos zurückgeworfen zu sein. Und dann fühlen wir uns im besten Falle unfähig, im ungünstigen Falle aber von der göttlichen Gnade ausgeschlossen.

Sollte sich dein Geistführer zu einer Frage ohrenscheinlich in Schweigen hüllen, sei nicht entmutigt und wirf nicht gleich das Handtuch. Mit größter Wahrscheinlichkeit wird seine Antwort dich auf anderen Kanälen erreichen als über das gesprochene Wort. Geistesblitze sind ihrem Wesen nach flüchtig und eigensinnig. Sie werden nicht gerne belauert. Statt dich im berühmten Elfenbeinturm zu inhaftieren, lade deine konkrete, alltägliche Umgebung in dein magisches Empfangszimmer ein und übe dich darin, die bedeutungsvolle Botschaft, nach der du suchst, im Konkreten und Offensichtlichen zu erkennen. Leben ist Bewusstsein in Aktion, vollkommen in sich selbst synchronisiert.

Übung: Channele deinen Geistführer

Gewöhne dir an, deine geistige Führung in allen möglichen Situationen zurate zu ziehen. Eine bestimmte Fragestellung oder ein konkretes Problem, über das du dich mit ihm austauschen willst, schafft einen Rahmen, innerhalb dessen sich eure Unterhaltung abspielen kann. Wähle eine Sache, die dich ganz aktuell beschäftigt.

1. Expandiere ins Quellbewusstsein.
2. Formuliere deine Intention:
   Ich bin das ICH BIN. Ich erlaube meinem Geistführer, in mein persönliches Resonanzfeld einzutreten und mich mit seinem weisen Rat zu unterstützen. Jetzt! Danke! Es ist geschehen.

3. Beobachte, was sich vor deinem inneren Auge zeigt, und beziehe dabei alle Hellsinne mit ein (Gestalt, Licht, Farbe, Gefühl, Worte, Klang, Ahnung, Wissen).
4. Begrüße deinen Geistführer und heiße ihn willkommen.
5. Stelle ihm eine erste, einfache, möglichst unverfängliche Frage, um ganz zwanglos die Unterhaltung zu beginnen, etwa nach seinem Namen. Sei aber nicht enttäuscht, wenn er Klaus heißt, statt Salomon Shakti Shukraacharya.

Dialog mit Shotoki

E: Hallo, Shotoki! Wie gut, dass du da bist. Kannst du mir bitte helfen?

S: Mit Vergnügen, Mylady!

E: Obwohl ich nun schon so viel über den Flow gelernt habe, beobachte ich mich immer wieder dabei, wie ich beim Schreiben lieber in der Verheißung schwelge, vieles im Vagen halte, die verschiedensten Projekte entwerfe, ohne mich der jeweiligen Sache dann auch konkret zu widmen, und dann bleibe ich außen vor, statt in Fluss mit etwas zu kommen. Kannst du mir erklären, warum?

S: Was ist das Beste daran, vage zu bleiben?

E: Alles scheint gleichzeitig möglich. Ich behalte den Überblick.

S: Tatsächlich verschanzt du dich mit dieser Haltung aber im Wartezimmer deiner Möglichkeiten. Und wie du weißt, kann dieser Raum dann sehr schnell zum Vorzimmer der Hölle werden, wenn das Zeitfenster zum Abschluss eines Projektes immer enger wird. Eine Sache zu erschaffen bedeutet unweigerlich, andere Schöpfungen für den Moment auszuschließen. Es bedeutet, zu fokussieren.

E: Irgendwas schreckt in mir hartnäckig davor zurück. Ich halte mir gerne alle möglichen Wege offen. Darum habe ich ja auch eine solche Abneigung gegen Termine und feste Verabredungen – sie scheinen mir nie in die momentane Stimmung zu passen. Das Interessante aber ist, sobald ich mich dann notgedrungen darauf einlasse, entsteht ein Gefühl von Übereinstimmung, und mein Widerstand geht vollkommen in der gegenwärtigen Situation auf.

S: Im Fluss zu sein bedeutet nichts anderes, als im Einklang mit der gegenwärtigen Situation zu sein. Anstrengend ist eine Sache nur durch deinen Widerstand dagegen.

E: Warum aber baut sich dieser Widerstand dann immer wieder so hartnäckig auf? Was will dieser Schweinehund denn ständig? Was braucht er?

S: Der Schweinehund ist dein Ego. Dein Ego hat keinen Bestand im Flow. Es verliert sich darin. Das Ego besteht zu hundert Prozent aus Widerstand.

E: Gegen was?

S: Dagegen, mit seiner Umgebung zu verschmelzen. Der Widerstand ist die Existenzgrundlage des Egos. Es fürchtet sein Ende. Produktive Arbeit im Allgemeinen und Schreiben im Besonderen bedeuten im Idealfall, im Flow zu sein, im Bewusstseinsstrom des Schöpferischen aufzugehen. Darum sind solche Akte für das Ego bedrohlich und um jeden Preis zu vermeiden.

E: Aber ich liebe es, Inspirationen zu empfangen und Ideen zu entwickeln!

S: Das sind Funken von Kreativität, die das Ego noch leicht überblicken kann und die es sich vor allem selbst zurechnet. Da findet nur eine sachte Berührung mit dem Überirdischen statt. Daraus aber einen fortlaufenden Prozess der Kreativität zu entfalten ist für das Ego eine heikle Sache. Es fürchtet die Nähe vor sich selbst. Es fürchtet sich vor der Selbstberührung. Es hat Angst vor der Intimität des reinen Gewahrseins, die hinter den augenscheinlichen Dingen verborgen ist. Denn darin offenbart sich, dass es nicht echt ist.

E: Das bedeutet ja aber, dass ich meine Schreibblockade niemals loswerden kann, solange ich an meinem Ego festhalte?

S: Das bedeutet es.

E: Das ist ja schrecklich!

S: Ist es das?

E: Ich kann doch nicht mein Ich aufgeben!

S: Das ist bekömmlicher, als du denkst.

E: Wer bin ich denn ohne mein Ich?

S: Alles, was du wählst zu sein. Die Auflösung ist ja nur temporär und subjektiv empfunden. Das Bewusstsein hört einfach nur für eine Weile auf, sich mit deinem Ich zu identifizieren. Dein Ich als Matrix, als komplex in sich verwobenes und konturiertes, aber variables Moment von Realität bleibt in deiner bewussten Wahrnehmung insgesamt erhalten, solange du in deinem Körper auf Erden wandelst. Der Akt des Schreibens bindet dein Ich lediglich in einen größeren Zusammenhang ein. Vertraue diesem Prozess! Wie du schon oft erfahren hast, ist er ausgesprochen köstlich. Erstaunlich, dass du meistenteils lieber auf dem Trockenen hockst.

E: Das ist wohl meinem Kontrollwahn zu verdanken.

S: Warum möchtest du denn unbedingt schreiben? Was ist denn so verlockend daran, wenn es doch eigentlich so qualvoll ist?

E: Es ist ja nur qualvoll, bevor es losgeht. Oder wenn der Prozess ins Stocken kommt.

S: Wann kommt er denn jeweils ins Stocken?

E: Ich glaube, wenn ich noch nicht recht weiß, was ich eigentlich sagen will.

S: Da irrst du dich ausnahmsweise einmal. Stagnation entsteht immer dann, wenn du dir nicht erlaubst, das zu tun, was du gerade am liebsten tun würdest. Das gilt auch und ganz besonders für das Schreiben. Wenn du denkst, dass du etwas ganz Bestimmtes sagen sollst, was dir momentan gar nicht entspricht, entsteht ein Widerstand in dir – und gegen diesen Widerstand versuchst du dann anzuschreiben oder drum herum. Darum gerät dein Wortfluss ins Stocken.

E: Du meinst, dann schreibe ich fremdbestimmt?

S: Sozusagen. Wobei du ja die Absicht, was in dem Text stehen sollte, längst verinnerlicht hast.

E: Jedenfalls erlebe ich während des Schreibens unterschiedliche Grade von Zufriedenheit, vom totalen Frust bis zum rauschenden Glück.

S: Und in welchen Phasen rauscht jeweils das Glück?

E: Wenn ich mit einem Strom der Inspiration mitfließe, ohne mich anzustrengen. Wenn ich die Gedanken, Ideen oder Bilder, die einfach so von selbst kommen, mühelos über das Papier verteilen kann.

S: Mit anderen Worten, wenn dein Ich ohne den geringsten Widerstand in einem größeren Bewusstsein àufgeht. Das tut es paradoxerweise immer dann, wenn es sich ausreichend gewürdigt fühlt. Das ist wie beim *Symboling*: Sobald du einen Widerstand mit der Energie nährst, die er braucht, löst er sich auf. Doch an dieser Auflösung ist nichts schmerzhaft, richtig?

E: Im Gegenteil.

S: Du vermisst in diesen Momenten rein gar nichts, stimmt's?

E: Absolut nichts.

S: Schmerzhaft ist nur der Widerstand. Das Gefühl, nicht in den Fluss zu gelangen, außen vor zu bleiben.

E: Oder unterwegs zu stranden, unterzugehen, mich in Seitenarmen zu verlieren, in tückische Strudel zu geraten, während das Leben draußen ohne mich weitergeht, die Zeit im Außen gnadenlos voranschreitet.

S: Im Strom selbst gibt es keine Zeit. Hier ist immer jetzt.

E: Draußen gibt es aber die Zeit, messbar mit Uhren und Kalendern. Draußen lauern die Erwartungen an meinen Output. Ich habe es schon oft erlebt, mich im Schreibrausch in eine Richtung verirrt zu haben, die mich schließlich bezüglich der geplanten Publikation in eine Sackgasse geführt hat. Hunderte Seiten habe ich beim Schreiben meines ersten Buches für die Schublade geschrieben. Mit diesem war es nicht anders.

S: Glaubst du, die Abschnitte, die nun keine konkrete

Verwendung in deinem Buch finden, waren vergebens? Hast du dich beim Schreiben gelangweilt?

E: Im Gegenteil. Ich war wie auf Drogen.

S: Schreiben ist ein sukzessiver Erkenntnisgewinn. Jene Gedanken, die du beim Schreiben verfolgst, bilden die Unterströmung deines gedruckten Textes, den Subtext. Ebenso verhält es sich mit der Lektüre, die du liest, den Menschen, die du triffst ...

E: ... und den Pferden!

S: ... mit sämtlichem Erleben, das die Zeit der Produktion und mehr noch der Inkubation begleitet. Die Pferde sind in deiner spirituellen Arbeit sehr präsent. Wenn du eine Zeitschrift liest oder einen Roman, der scheinbar nichts mit deiner Thematik zu tun hat, dann kannst du davon ausgehen, dass seine Schwingung sich, wenn auch manchmal nur in homöopathischen Dosen, in deinem aktuellen Werk niederschlägt. Das gilt grundsätzlich für die gesamte Schöpfung, nicht nur für das Schreiben. Alles, was du bist, was dich umgibt, was du erlebst, fließt in alles mit ein, was du tust, sowohl offensichtlich und konkret, als auch latent und im Verborgenen. Das nennt man dann die persönliche Note. So funktioniert die Schöpfung. Du existierst nicht in einem Vakuum, du bist eingebettet in ein sehr komplexes und vielschichtiges Feld. Vertraue darauf, dass du das Interesse jeweils für diejenigen Inhalte entwickelst, die für dein aktuelles Werk relevant sind. Der Witz ist, dass das so ziemlich alles sein kann, und wenn es dir noch so entlegen und absurd erscheint. Das Gesetz der Entsprechung, das unseren Kosmos synchronisiert, funktioniert unbestechlich präzise, brillant und bisweilen humorvoll.

E: Trotzdem neige ich dazu, mich zu verzetteln – und dann ist die Zeit, die ich mir zum Anfertigen des Manuskripts reserviert habe, verstrichen, bevor ich auch nur annähernd damit fertig geworden bin. Und dann muss ich schon wieder los zu den nächsten Terminen und verliere über den neuen Aktivitäten den Bezug zu meinem Manuskript.

S: Kontinuität beim Schreiben ist wichtig. Um diese wahren zu können, ist es hilfreich, ausnahmsweise mal von vornherein genügend große Zeitfenster einzuplanen.

E: Das klang jetzt aber scheußlich vernünftig!

S: Seit wann ist Vernunft scheußlich?

E: Seit es Schweinehunde gibt.

S: Gut gekontert.

E: Und woher kam jetzt diese Schlagfertigkeit?

S: Frag deinen Schweinehund.

E: Ich denke, das Ego rechnet sich seine Ideen nur fälschlicherweise selbst zu?

S: Gut aufgepasst!

E: Sind wir hier in der Schule?

S: Was dachtest du denn?

E: Wir schweifen ab.

S: Sagt wer?

E: Die Vernunft.

S: Du bist also bereit, sie mit einzubeziehen?

E: Kann ja hin und wieder nicht schaden.

S: Mit deiner Vernunft kannst du vorab festlegen, welcher Art die Informationen sein sollen, die du empfangen willst. Damit erschaffst du einen variablen Rahmen, einen passenden Wahrnehmungsfilter. Gestalte diesen Filter nicht zu engmaschig. Lege die Inhalte zunächst sehr grob fest, etwa indem du dir überlegst, wie deine Leser sich bei der Lektüre deiner Texte fühlen oder für sich selbst daraus erkennen sollen. Frage dich vor allem auch, was du selbst gerne in einem Buch lesen möchtest. Und dann empfange die dazu passenden Informationen, indem du kopfüber in den Wortfluss springst. Dabei kannst du konsequent mit dem Feld arbeiten, das dich umgibt. So verwandelt sich dein unmittelbares Erleben in lustvolles Gekritzel, und dieses geht schließlich nahtlos in druckfähige Erzeugnisse über.

E: Das wäre der Traum, wenn es so einfach ginge!

S: Mit einer gewissen Entschlossenheit und Systematik des Fragens wird er leicht zur Realität.

E: Ich würde allerdings lieber etwas Literarisches schreiben als eine zünftige Gebrauchsanweisung zum Auflösen von Blockaden. Ich habe Freude an schöner Sprache, an Form und Ästhetik, und ich vermisse die künstlerische Arbeit seit geraumer Zeit sehr, wie du weißt. Aber meine Vernunft ...

S: Nun ist die Vernunft wieder schuld! Deine Ratio bietet dir erst Einsicht in das fraktale Universum. Lass dich doch dieser Logik zufolge mal vom lyrischen Potenzial eines Lebenshilferatgebers überraschen! Von der Leuchtkraft deines persönlichen Horizonts, der eine weitere Folie für das Buch bildet. Alles ist in allem. Deine Erlebnisse und Wahrnehmungen können darin einfließen und zu einer poetischen Textur der Erkenntnis verschmelzen. Therapeutische Arbeit ist ja bereits eine Kunst in sich. So wie dein Ich sich im Schreibfluss in ein erweitertes Spektrum verströmt, so werden die schmerzhaften Muster unter dem Brennglas eines höheren Bewusstseins mit sich selbst in Berührung gebracht, bis sie kollidieren. Diesen Prozess minutiös und facettenreich zu beschreiben ist abermals kreativ.

E: So habe ich das noch nie betrachtet.

S: Dafür hast du ja mich.

E: Mister Shotoki, ich danke dir für dieses Gespräch. Und für das Buch.

S: Das nächste schreibst du dann »in echt«.

E: Wie bitte?

S: Kleiner Scherz in Anspielung auf das Vorwort, um die Dramaturgie des Buches abzurunden.

E: Das nächste schreibe ich mit Gitano. Mein Pferd, mein

Guru. Dann muss ich ihn wenigstens nicht beim Schreiben entbehren. Apropos …

S: Stopp!

E: Was denn noch?

S: Vergiss die Möhren nicht!

Literatur

Cameron, Julia: Finding Water. The Art of Perseverance. Tarcher, New York 2009.

Dies.: Von der Kunst des Schreibens und der spielerischen Freude, Worte fließen zu lassen. Knaur, München 2003.

Chopra, Deepak: Das Tor zu vollkommenem Glück. Ihr Zugang zum Energiefeld der unendlichen Möglichkeiten. Knaur, München 2006.

Dietmann, Ulrike: Auf den Flügeln der Pferde. Eine Heldinnenreise ins Herz der Kreatur. Wu Wei-Verlag Schondorf 2011.

Kochte, Esther: ThetaFloating. Aktiviere das spirituelle Potenzial deines Zellbewusstseins und erschaffe dich neu. Scorpio, München 2011.

Dies.: ThetaFloating. Das Hörbuch – 4 CDs. Scorpio, München 2011.

Dies.: ThetaFloating. Meditationen und Übungen (Audio-CD). Scorpio, München 2011.

Kohanov, Linda: Das Tao des Equus. Eine Frau und ihr Pferd und eine gemeinsame Reise zu Heilung und Transformation. Wu Wei-Verlag, Schondorf 2006.

Dies.: Botschafter zwischen den Welten. Pferde und wir, eine gemeinsame Reise in die unentdeckten Gebiete unserer Möglichkeiten. Wu Wei-Verlag, Schondorf 2008.

Dies.: Der bewusste Weg mit Pferden. Pferde-Archetypen zur Bewusstseinsentwicklung. Ein Erforschungs-Buch mit 40 Karten. Illustrationen von Kim McElroy. Wu Wei-Verlag, Schondorf 2011.

McLaren, Karla: Emotional Genius. Discovering the Deepest Language of the Soul. Laughing Tree Productions, Columbia 2001.

Dies.: The Language of Emotions. What Your Feelings Are Trying to Tell You. Sounds True Inc., Boulder/Colorado 2010.

Neuner, Werner: Larimar Energiekarten. Spiegelbilder für die persönliche Entwicklung mit den Symbolkräften von Sirius B. Textübertragung: Wolfgang Beevar. Nlg, Graz 2001.

Danksagung

Aus tiefstem Herzen danken möchte ich zuerst meinem fantastischen Team: Meinem unentbehrlichen, allzeit emsig wuselnden Org-Hasi Peggy Friedrich (»Bodenpersonal«), die unermüdlich mit Tausenden Händen und Fühlern, erfrischender Munterkeit, mit Witz, Charme und literweise Herzblut den ganz alltäglichen bürokratischen Wahnsinn jongliert. Peggy hat für jede Lebenslage einen amüsanten Sticker parat. Meinem very important personal assistent Tom Radau, der vom Chauffeur über den Chefeinkäufer zum Waschmaschinenmonteur bis Zertifikateschreiber mein muskelbepacktes Mädchen für alles ist. Meinen wunderbaren, kompetenten, klugen, einfühlsamen und beflügelnden Assistentinnen, die nicht nur während meiner Seminare unschätzbar wertvolle Arbeit leisten, denen ich rückhaltlos vertrauen kann, von denen ich mich optimal unterstützt und umsorgt fühle und die meine besten Freundinnen geworden sind: Petra Hartmann, Oya Erdoğan, Martina Tabery, Gudrun Brunier, Doreen Meinke, Belinda Haas, Claudia Eggert-Kruppa und allen, die sporadisch dabei sind. Ihr bereichert nicht nur *ThetaFloating*, sondern mein Leben insgesamt mit eurem ganzen Sein! Meinem Business Coach Martina Zimmermann (Bukepha) für ihre glasklare Beratung, ihre Einfühlung in das, was wirklich gebraucht wird, und ihre ganzheitlichen, integrativen Führungsqualitäten samt Pferdespirit. Meinem Haus- und Hoffotografen Ivan Schneider, vor dessen Kameraauge ich mich immer wohlfühle und der den Groove in den Laden bringt. Meiner Freundin Claudia Schulz für ihren Support beim Pferdestehlen in Málaga, für ihre Wertschätzung, ihre Begeisterungsfähigkeit und ihren Spiegel.

Ausgesprochen danken möchte ich auch all den lieben »externen« Veranstaltern, die mit Engagement und Herz einen Teil meiner Seminare organisieren und für einen stimmigen Rahmen sorgen.

Meine besondere Wertschätzung gilt meinen lieben Seminarteilnehmern und Klienten, die mir ihr Vertrauen und ihre Anerkennung schenken und mit ihren vielseitigen Gesichtern dabei helfen, die Welt zu beflügeln und unseren Planeten in eine liebevolle, ganzheitliche Umlaufbahn zu tragen.

Danken möchte ich meinem süßen Joe, Johannes Kreidler, mit dem es im letzten Jahr nicht viel gemeinsame Zeit gab – die dafür umso spannender war. Ich danke dir für alles, was du bist, und wünsche uns die Weisheit, uns die optimalen Bedingungen für unser gemeinsames Werden und Wachsen in einem neuen Land zu schaffen. Je t'aime.

Unaussprechlicher Dank gilt meinem Hengst Gitano, der alles in mir zum Strömen bringt und der mich mit seiner wilden Lebensfreude, Wahrhaftigkeit und Zartheit, seiner irdischen und zugleich ätherischen Vollkommenheit tiefer als tief berührt. Du bist meine ganze Seele.

Ebenso dankbar bin ich meiner Schnatz und Teufelin Shitana für ihre geheimnisvolle Allpräsenz, die mein Sein umschmiegt und umschnurrt, die als tapfere Kriegerin mein Terrain bewacht und als grünäugige Sphinx meinen Schlaf beträumt.

Meiner lieben Mutter danke ich dafür, dass ich am Leben und in ihren Gedanken bin. Sei immer gesegnet.

Ein großes Dankeschön gilt meinem Verleger Christian Strasser für sein Vertrauen, seine Weisheit, seine Geduld und sein väterliches Einfühlungsvermögen.

Register

Erschaffe dich neu!

ThetaFloating ist eine effiziente Mentaltechnik, die das Bewusstsein erweitert und die kosmischen Kanäle der Zellen aktiviert. Getragen von den Theta-Wellen des Gehirns, erzeugt der Anwender kraft seiner Imagination ein Schwingungsfeld, durch das sich selbst tief sitzende Blockaden und traumatische Gefühlsmuster auflösen, Körper und Seele harmonisieren und verborgene Potenziale befreien lassen.
ThetaFloating ist einfach zu erlernen und erfordert keinerlei Vorkenntnisse. Ein Werkzeug, mit dem wir uns systematisch neu programmieren und unser Leben in einen schöpferischen Flow bringen können.

ThetaFloating
Aktiviere das spirituelle Potenzial deines
Zellbewusstseins und erschaffe dich neu
288 Seiten, englische Broschur
mit CD (Spielzeit: 37 Min.)
ISBN 978-3-942166-05-8
16,95 € (D) / 17,50 € (A)